BASIC RUSSIAN

STUDENT'S BOOK

LARISSA FAST

ELEMENTARY

Edited by I. Kondar
Designed by Y. Korolev
Drawings by V. Barabonin

ЛАРИСА ФАСТ

БАЗОВЫЙ КУРС РУССКОГО ЯЗЫКА

Под редакцией И.Е. Кондарь
Оформление Ю. Королев
Иллюстрации В. Барабонин

Охраняется законом РФ об авторском праве. Воспроизведение всей книги или любой ее части запрещается без письменного разрешения издателя и будет преследоваться в судебном порядке.

Фаст Л. В.
Базовый курс русского языка. — М.: Пеликан, 2000. — 304 с. с илл.

ISBN 5-89581-018-7   ©   Л. Фаст, 2000
                                     ©   ЗАО «Издательство «Пеликан», 2000

CONTENTS

Introduction	9
Introductory unit	12
Unit 1	30
Unit 2	47
Unit 3	61
Unit 4	78
Review 1	92
Unit 5	100
Unit 6	118
Unit 7	134
Unit 8	151
Review 2	169
Unit 9	180
Unit 10	196
Unit 11	213
Unit 12	233
Review 3	251
Vocabulary	259
Key to the exercises	269
Grammar tables	284
Tapescripts	292

INTRODUCTION

GENERAL INFORMATION

Is Russian difficult? It is more of a challenge for an English-speaking learner then French or German, but much easier then Japanese or Arabic. English and Russian have the same Indo-European linguistic origins, so there is a lot of grammar in common. Behind the exotic-looking alphabet there is a simple system of pronunciation and a large number of familiar words.

The Russian language is printed and written in the Cyrillic alphabet. It is based on a form of the Greek alphabet, and is one of the four most widely used alphabets in the world, the other three being Latin, Chinese and Arabic.

A few Cyrillic letters are similar to certain Latin letters both in appearance and in sounds the letters represent: **м, а, т, к.** However, some Cyrillic letters look like Latin letters, but have different sounds: Cyrillic **р** corresponds to Latin **r**, not P. Cyrillic **н** corresponds to Latin **n**, not H. And finally, some Cyrillic letters look completely different: **ж, ш, ц, л**.

ABOUT THIS COURSE

Basic Russian is a short beginner's course in Russian and a foundation course for the **Russian for Business Communications** series. The course consists of:
Student's Book, Workbook, Cassette of listening exercises.

This course is intended for those working on their own, or with a teacher four or five hours a week. **Basic Russian** provides approximately 80 hours of teaching. Its main aims are communicative — how to say things in Russian — but the grammar is dealt with in detail. When you have worked through this book you should be able to make yourself understood on everyday topics, hold simple conversations and read Russian texts with the help of a dictionary. You should also know the basic grammar of the language and have a vocabulary of about six hundred of the most common Russian words.

Specific business content in the course is deliberately limited. The aim has been to lay groundwork for more detailed business studies students might undertake at a later date at a higher language level, such as with the **Russian for Business Communications** series by the same author.

The cassette, which carries recordings of the lesson materials by native speakers, will prove a very helpful extra. If you are completely new to Russian, the first hurdle is of course the Russian alphabet, so spend plenty of time on the introductory unit. Once you know the letters, you can read any word: Russian spelling is much easier then English.

BASIC RUSSIAN (Student's book) contains 12 units, structured as follows:

Presentation

A taped listening passage, accompanied by an information task.

New grammar points and vocabulary from the listening passage highlighted and explained.

Communicative Practice

Exercises designed to give practice in the language items introduced in the Presentation. The Practice section often involves all four skills.

Skills Work

Listening:

There are regular unseen sections in dialogue or monologue form. They give further practice of the language of the unit.

Reading:

Reading passages also provide practice in the grammar of the unit in a wider context, as well as developing students' reading comprehension abilities.

Speaking:

There are a variety of spoken activities.

Writing:

There are many written exercises which challenge the students to be more precise in their use of vocabulary and structure.

INTRODUCTION

Transfer

Pair work designed to encourage students to use the language which is introduced and to practice it in a freer context.

Everyday Russian

This section introduces simple functional language in useful situations for the students to listen to and practise, and survival Russian such as spelling, numbers, times, and days.

Language notes

The grammar of the unit is presented in tabular form at the end of each unit, along with an exercise for students to check their understanding. Prepositions and functional phrases are also listed.

Review

There are three Review units (after Unit 4, Unit 8, and Unit 12) which allow students to check their progress in grammar, reading, vocabulary, and writing.

Drill

The main language points are summarised in this section at the end of each unit.

Vocabulary

Vocabulary is carefully graded and recycled so there is no overloading.

BASIC RUSSIAN: Workbook

The **Workbook** is an optional course component and may be used by the whole class or by individual students for additional practice or revision. The teacher might also choose to use specific exercises in class or for homework.

The **Workbook** contains 12 units to correspond to and practise language from the main units in the **Student's Book**. Certain exercises extend the language learnt in class rather than simply practising it. The **Workbook** also contains three tests to correspond to the Review units in the **Student's Book**, plus an extra test (General Review) at the end of the book. The tests cover structural items in previous units and may be used either to check attainment after the course of study or to diagnose areas of weakness.

INTRODUCTORY UNIT

T1 1 Russian alphabet.

Printed	Hand-Written	Name of Letter	Sound	Similar English Sound
Аа	*Аа*	а	[а]	a as in father
Бб	*Бб*	бэ	[б]	b as in bed
Вв	*Вв*	вэ	[в]	v as in very
Гг	*Гг*	гэ	[г]	g as in get
Дд	*Дд*	дэ	[д]	d as in dentist
Ее	*Ее*	е	[йэ]	ye as in yesterday
Ёё	*Ёё*	ё	[йо]	yo as in yonder
Жж	*Жж*	жэ	[ж]	zh like s in pleasure
Зз	*Зз*	зэ	[з]	z as in zenith
Ии	*Ии*	и	[и]	ee as in meet
Йй	*Йй*	short и	[й]	y as in boy
Кк	*Кк*	ка	[к]	k as in kangaroo
Лл	*Лл*	эл	[л]	l as in people
Мм	*Мм*	эм	[м]	m as in empty
Нн	*Нн*	эн	[н]	n as in enter

INTRODUCTORY UNIT

Оо	*Оо*	о	[о]	**o** as in b**o**ttle
Пп	*Пп*	пэ	[п]	**p** as in **p**e**pp**er
Рр	*Рр*	эр	[р]	**r** as in e**rr**or
Сс	*Сс*	эс	[с]	**s** as in e**s**tablish
Тт	*Тт*	тэ	[т]	**t** as in **t**en**t**
Уу	*Уу*	у	[у]	**oo** as in b**oo**t
Фф	*Фф*	эф	[эф]	**f** as in e**f**fort
Хх	*Хх*	ха	[х]	**h** pronounced as the **ch** in Scots lo**ch** or German a**ch**
Цц	*Цц*	цэ	[ц]	**ts** as in i**ts**
Чч	*Чч*	чэ	[ч]	**ch** as in **ch**air
Шш	*Шш*	ша	[ш]	**sh** as in **sh**all
Щщ	*Щщ*	ща	[щ]	**shsh** as in fre**sh sh**eets
Ъъ	*Ъъ*	hard sign	[-]	«hard sign», a very brief pause
Ыы	*Ыы*	ы	[ы]	**i** as in b**i**t but with the tongue tip a little further back
Ьь	*Ьь*	soft sign	[-]	«soft sign», a [y] sound which is pronounced simultaneously with the preceding consonant, like the **ny** in ca**ny**on
Ээ	*Ээ*	э	[э]	**e** as in f**e**d
Юю	*Юю*	ю	[йу]	**yoo** as in **u**niversity
Яя	*Яя*	я	[йа]	**ya** as in **ya**k

T2 **2** Let's start with the five letters that are almost identical in Russian and English. Notice that most Russian small letters are simply half-size versions of the capitals.

CAPITAL	SMALL	IMITATED PRONUNCIATION
A	а	a as in father
K	к	k as in kangaroo
M	м	m as in empty
O	о	o as in bottle
T	т	t as in tent

So you can already read the following Russian words:

КОТ	кот	kot	This word means «cat»
ТОМ	том	tom	«tome» or «volume»
АКТ	акт	akt	The same as «act»

3 Stress.

There is no need to learn all this details! Just glance through this unit and read the examples.

Like English vowels, Russian vowels have strong stress, but only on one vowel in a given word. If the word has only one syllable, like **ДОМ, КОТ, НЕТ**, you can not get the stress wrong. But if the word has more than one syllable (like **МÁРКА**) you must learn which syllable is the stressed one. If you put the wrong stress on a Russian word, you may not be understood. In Russian unstressed syllables are pronounced much less clearly then stressed ones. Different forms of the same word may have different stresses.

СТРАНÁ — country   СТРÁНЫ — countries

INTRODUCTORY UNIT

13

Оо	*Оо*	о	[о]	**o** as in b**o**ttle
Пп	*Пп*	пэ	[п]	**p** as in **p**e**p**per
Рр	*Рр*	эр	[р]	**r** as in e**rr**or
Сс	*Сс*	эс	[с]	**s** as in e**s**tablish
Тт	*Тт*	тэ	[т]	**t** as in **t**en**t**
Уу	*Уу*	у	[у]	**oo** as in b**oo**t
Фф	*Фф*	эф	[эф]	**f** as in e**f**fort
Хх	*Хх*	ха	[х]	**h** pronounced as the **ch** in Scots lo**ch** or German a**ch**
Цц	*Цц*	цэ	[ц]	**ts** as in i**ts**
Чч	*Чч*	чэ	[ч]	**ch** as in **ch**air
Шш	*Шш*	ша	[ш]	**sh** as in **sh**all
Щщ	*Щщ*	ща	[щ]	**shsh** as in fre**sh sh**eets
Ъъ	*Ъъ*	hard sign	[-]	«hard sign», a very brief pause
Ыы	*Ыы*	ы	[ы]	**i** as in b**i**t but with the tongue tip a little further back
Ьь	*Ьь*	soft sign	[-]	«soft sign», a [у] sound which is pronounced simultaneously with the preceding consonant, like the **ny** in ca**ny**on
Ээ	*Ээ*	э	[э]	**e** as in f**e**d
Юю	*Юю*	ю	[йу]	**yoo** as in **u**niversity
Яя	*Яя*	я	[йа]	**ya** as in **ya**k

T2 **2** Let's start with the five letters that are almost identical in Russian and English. Notice that most Russian small letters are simply half-size versions of the capitals.

CAPITAL	SMALL	IMITATED PRONUNCIATION
A	а	a as in father
K	к	k as in kangaroo
M	м	m as in empty
O	о	o as in bottle
T	т	t as in tent

So you can already read the following Russian words:

КОТ	кот	kot	This word means «cat»
ТОМ	том	tom	«tome» or «volume»
АКТ	акт	akt	The same as «act»

3 Stress.

> **There is no need to learn all this details! Just glance through this unit and read the examples.**

Like English vowels, Russian vowels have strong stress, but only on one vowel in a given word. If the word has only one syllable, like **ДОМ, КОТ, НЕТ,** you can not get the stress wrong. But if the word has more than one syllable (like **МА́РКА**) you must learn which syllable is the stressed one. If you put the wrong stress on a Russian word, you may not be understood. In Russian unstressed syllables are pronounced much less clearly then stressed ones. Different forms of the same word may have different stresses.

СТРАНА́ — country   СТРА́НЫ — countries

INTRODUCTORY UNIT

T3 **4** Next we shall learn the seven letters which look like English ones but are pronounced differently:

B	в	**v** as in **v**ery
E	е	**ye** as in **ye**sterday
H	н	**n** as in e**n**ter
P	р	**r** as in e**r**ror
C	с	**s** as in e**s**tablish
Y	у	**oo** as in b**oo**t
X	х	**h** pronounced as the **ch** in Scots lo**ch** or German a**ch**

Try to read the following words slowly:

еда	food	**нос**	nose
рот	mouth	**сок**	juice
сýмка	bag	**мáрка**	stamp
хор	chorus	**вот**	here's
рукá	arm	**вáнна**	bath
странá	country	**кóмната**	room

T4   5   Now we have some unfamiliar letters wich however have familiar sounds:

Б	б	b as in bed. Note the difference between the capital and small forms.
Г	г	g as in get. Looks like L upside down.
Д	д	d as in dentist. Like the Greek delta.
Ё	ё	yo as in yonder. The letter e with two dots.
З	з	z as in zenith. Looks like figure 3.
И	и	ee as in meet
Й	й	y as in boy
Л	л	l as in people
П	п	p as in pepper. Like the Greek letter pi.
Ф	ф	f as in effort
Э	э	e as in fed. Looks like E backwards.
Ю	ю	yoo as in university. Looks like 10 with the figures joined.
Я	я	ya as in yak. Looks like R backwards.

Read the following words slowly:

я   I   дом   house

ёлка   fir-tree   гру́ппа   group

да	yes	**мир**	peace
я́хта	yacht	**Аэрофло́т**	Aeroflot
парк	park	**сорт**	sort
стоп	stop	**фо́рма**	shape
магази́н	shop	**клуб**	club
лифт	elevator	**ю́мор**	humour
мой	my	**футбо́л**	soccer
бана́н	banana	**брат**	brother
стол	table	**стул**	chair
рабо́та	job	**о́тпуск**	vacation
мо́да	fashion	**тала́нт**	talent
бу́ква	letter	**э́кстра**	extra

T5 　　 6   The last group contains letters which take a little longer to remember:

Ж	ж	**zh** like the **s** in plea**s**ure
Ц	ц	**ts** as in i**ts**
Ч	ч	**ch** as in **ch**eck, but softer. Looks like **h** upside down.
Ш	ш	**sh** as in **sh**all
Щ	щ	**shsh** as in Wel**sh sh**eep, a longer, softer sound then the previous letter **ш**. Looks like **ш** with a small tail added.
Ъ	ъ	this rare letter, called the «hard sign», has no sound of its own. It is used to separate a consonant from a following [y] sound (e.g. in the letters ю [yoo] or я [ya] or е [ye]). The effect is of a very brief pause. For example, въехал («drove in») should be pronounced [v-yehal] with a slight break between the [v] and the [y].
Ы	ы	**i** as in b**i**t but with a tongue tip a little further back.
Ь	ь	this letter, which will be shown in the imitated pronunciation as **y** (as in can**y**on) is called the «soft sign». It is always pronounced simultaneously with the preceding consonant, making the consonant «soft». In Russian pronunciation, «soft» means pronounced with a simultaneous [y] sound. So **нь** sounds like the **ny** in ca**ny**on, with the [n] and the [y] pronounced simultaneously. **Мь** sounds like the **m** in **m**ew.

INTRODUCTORY UNIT

Try to read the following words slowly:

царь	king	**сын**	son
борщ	beetroot soup	**журна́л**	magazine
чай	tea	**фи́ниш**	finish
ша́хматы	chess	**ко́шка**	cat
ча́шка	cup	**Кремль**	Kremlin
объе́кт	object	**щу́ка**	pike
чек	cheque	**Чика́го**	Chicago
по́чта	mail	**сны**	night dreams
же́нщина	woman	**мы**	we

T6 **7** Each of the five Russian vowels is represented by two variants:

1 GROUP	2 GROUP
а	я
э	е
ы	и
о	ё
у	ю

The «2 group» of the vowel letters have two functions.

a At the beginning of a word, after a vowel, and after **ь, ъ** the vowel letters **я, е, ё** and **ю** at the beginning of a word, where each of these letters indicates consonant **[й]** plus vowel.

я́сный	[ya]	clear
ю́бка	[yu]	skirt
Испа́н**ия**	[ya]	Spain
еда́	[ye]	food
ёлка	[yo]	fir-tree
упражне́ни**е**	[ye]	exercise
интервь**ю́**	[yu]	interview
объ**е́**кт	[ye]	object

b After a consonant, they indicate that the consonant is soft.

ля = [л'а]	неде́**ля**	week
ле = [л'э]	би**ле́**т	ticket
лё = [л'о]	само**лё**т	airplane
лю = [л'у]	**лю**бо́вь	love
ли = [л'и]	п**ли**та́	stove
	лимо́н	lemon

INTRODUCTORY UNIT

T7 **8** Soft consonants

A soft consonants is one pronounced with a built-in [y] sound, like the soft ca**ny**on. In Russian the difference between hard consonants and soft ones is a very important feature of a «good» accent.

In the alphabet the only soft consonants are **ч** [chy], and **щ** [shshy]. However, all the hard consonants in the alphabet exept **ж** [zh], **ц** [ts] and **ш** [sh] become soft consonants when a letter containing a [y] sound is written after them. You already know that the function of the soft sign **ь** [y] is to make a consonant soft, but what is not obvious from the alphabet is the fact that in the pronounciation of Russian native speakers the [y] of the letters **е** [ye], **ю** [yoo] and **я** [ya] combines with the preceding in exactly the same way as the [y] of the soft sign. So in the word

    Ле́нин   [lye-neen]   Lenin

if you listen carefully to a Russian pronouncing the word, you will hear that the [l] and the [y] are pronounced as one sound, «soft» l.

Practise pronouncing the [y] sound simultaneously with the precedeng consonant:

нет	[nyet]	no
сове́т	[sa-vyet]	advice
тётя	[tyo-tya]	aunt
Кремль	[kryemly]	Kremlin
рубль	[roobly]	rouble

T8 **9** Three consonants ж [zh], ц [ts], ш [sh] are never soft.

The letters **ж** [zh], **ц** [ts] and **ш** [sh] are always hard, i.e. always pronounced without a **[y]** sound, regardless of any following letter containing **[y]**. This means that if **ж, ц, ш** are followed by **e** [ye], **ё** [yo], **ю** [yoo], **я** [ya] or **ь** [y], the **[y]** is simply not pronounced. So:

жёны	is pronounced	[zho-ni]	wives
знáешь	is pronounced	[zna-yesh]	you know

After **ж** [zh], **ц** [ts], **ш** [sh], you may also be able to hear that the letter **и** [ee] is always pronounced as if it were **ы** [i]:

жить	[zhity]	to live
цирк	[tsirk]	circus
машúна	[mashina]	car

T9 **10** Unstressed syllables: pronunciation of unstressed О, Е, Я.

In Russian words of more then one syllable, there is one stressed syllable (marked ´) and all the rest are unstressed. In Russian speech unstressed vowels as a rule are considerably shorter and less distinct then unstressed vowels in English. But the vowel which changes most is **o** [o]. In unstressed syllables **o** is pronounced the same as Russian **a**. Practise the following words and listen to the tape if you have it.

INTRODUCTORY UNIT

Бори́с	[ba-rees]	Boris
спаси́бо	[spa-see-ba]	thank you
Москва́	[mas-kva]	Moscow
Росси́я	[ra-ssee-ya]	Russia
хорошо́	[ha-ra-sho]	good, well
до́брое у́тро	[do-bra-ye oo-tra]	good morning
молоко́	[ma-la-ko]	milk
гости́ница	[ga-sti-ni-tsa]	hotel
окно́	[ak-no]	window
обе́д	[a-bet]	dinner
конве́рт	[kan-vert]	envelope
голова́	[ga-lo-va]	head
нога́	[na-ga]	leg
отве́т	[at-vet]	answer
проблéма	[pra-ble-ma]	problem
сове́т	[sa-vet]	advice

The vowel **e** [ye] also sounds different in unstressed syllables: in the speech it may sound like **и** [ee] (or in between **e** [ye] and **и** [ee]), so **Петербу́рг** («Petersburg») becomes [pee-teer-burк].

Unstressed **я** [ya] before a stressed syllable sounds like **и** [ee] or [yee]. This is important in words like **язы́к** («language»), pronounced [(y)ee-zik].

Read the following words:

рис (rice)
меда́ль (medal)
спаси́бо (thank you)
па́спорт (passport)
геро́й (hero)
у́тро (morning)
библиоте́ка (library)
дире́ктор (director)
докуме́нты (documents)
секре́т (secret)
рома́н (novel)
метро́ (underground)
телеви́зор (TV-set)
ты́сяча (thousand)

мото́р (engine)
се́вер (north)
язы́к (language)
го́род (city)
контра́кт (contract)
телефо́н (telephone)
кре́сло (arm-chair)
рестора́н (restaurant)
компа́ния (company)
посо́льство (embassy)
ме́сто (place)
столи́ца (capital)
воскресе́нье (Sunday)

T10　**11**　Voiced conconants are devoiced at the ends of words.

At the ends of words the following six consonants (pronounced with vibration of the vocal cords, like English **b, d, g, v, z**) are pronounced as their unvoiced equivalents 9 i.e. with little or no vibration of the vocal cords, e.g. English **p, t, k, f, s**):

INTRODUCTORY UNIT

voiced	becomes	unvoiced
б [b]	→	[p]
в [v]		[f]
г [g]		[k]
д [d]		[t]
ж [zh]		[sh]
з [z]		[s]

You may notice that the six voiced consonants happen to be the first six consonants of the Russian alphabet

Practise:

клу**б**	[p]	club	шокола́**д**	[t]	shocolate
об́е**д**	[t]	dinner	сюрпри́**з**	[s]	surprise
дру**г**	[k]	friend	го**д**	[t]	year
гла**з**	[s]	eye	кроссво́р**д**	[t]	crossword
но**ж**	[sh]	knife	ра**з**	[s]	one time
ё**ж**	[sh]	hedgehog	му**ж**	[sh]	husband
хле**б**	[p]	bread	пло́ща**дь**	[t']	square

T11 **12** Assimilation of voiced and unvoiced consonants.

Within words, the same six letters **б, в, г, д, ж, з** become unvoiced if they stand before one of the six unvoiced consonants. To see what that means, practise the following words:

ло**ж**ка (spoon)	[losh-ka]	ж	[zh] → [sh] before [k]
во́**д**ка (vodka)	[vot-ka]	д	[d] → [t] before [k]
за́**в**тра (tomorrow)	[zaf-tra]	в	[v] → [f] before [t]

In the same way, the unvoiced consonants — **п** [p], **ф** [f], **т** [t], **ш** [sh], **с** [s] — become voiced if they stand before any of the voiced consonants (except **в**):

во**к**за́л (station)	[vag-zal]	к [k] → [g] before [z]
о**т**да́ть (to hand back)	[ad-daty]	т [t] → [d] before [d]
сде́лать (to do)	[zde-laty]	с [s] → [z] before [d]
а**в**томоби́ль (car)	[afta-ma-beely]	в [v] → [f] before [t]
вто́рник (Tuesday)	[ftor-neek]	в [v] → [f] before [t]
а**в**то́бус (bus)	[af-to-boos]	в [v] → [f] before [t]

INTRODUCTORY UNIT

EXERCISES

T12 **1** Listen to the tape and repeat the following Russian first names. Прослушайте запись и повторите за диктором следующие русские имена.

Ви́ктор	Ната́ша	Алекса́ндр	Екатери́на
Ри́та	Ли́за	Ю́рий	Анато́лий
Ве́ра	Людми́ла	Влади́мир	Бори́с
Ива́н	Никола́й	Ни́на	Евге́ния
О́льга	Константи́н	Мари́я	Валенти́н
Серге́й	А́нна	Мари́на	Светла́на
Лари́са	Ири́на	Ю́лия	Дми́трий

2 Read these Russian words aloud. Try to recognize as many cognates as you can. Прочитайте вслух следующие слова. Попытайтесь перевести их на английский язык.

Аа   А́нна, акт, Аме́рика, А́фрика, А́зия

Кк   Ку́ба, кло́ун, кандида́т, культу́ра, консервато́рия

Мм   ма́ма, мо́да, Мадри́д, матра́с, мину́та

Оо   О́льга, о́пера, порт, пило́т, пло́щадь

Вв   Вашингто́н, ви́за, вино́, витами́н, ви́рус

Нн   нос, но́та, Ниага́ра, неде́ля, нет

Рр	ракéта, радáр, риск, рубль, Рига
Сс	Сан-Франциско, спорт, суп, сóда
Хх	харáктер, хулигáн, яхта, хлеб, шáхматы
Уу	турист, Украина, тур, университéт, друг
Ее	Еврóпа, пéсня, кекс, Мéксика, едá
Ёё	актёр, ликёр, репортёр, ёлка, сёстры

T13 **3** Listen to the tape and repeat the following Russian geographical names. Прослушайте запись и повторите за диктором следующие географические названия.

Амéрика	Грéция	Япóния	Тáмпа
Áфрика	Лóндон	Тóкио	Бóстон
Áзия	Берлин	Техáс	Чикáго
Еврóпа	Итáлия	Дáллас	Лас-Вéгас
Австрáлия	Рим	Чéхия	Россия
Вашингтóн	Фрáнция	Прáга	Санкт-Петербýрг
Торóнто	Париж	Нью-Йóрк	Москвá

4 Read these Russian words aloud. Try to give the English equivalent for each. Прочитайте вслух следующие слова. Попытайтесь подобрать английский эквивалент для каждого из них.

Бб	балéт, бóмба, банк, банáн, библиотéка
Гг	гимн, Гермáния, грудь, гостиница, галерéя

Дд	да́та, де́ти, диск, дра́ма, до́ктор
Лл	ла́мпа, лимо́н, кли́мат, Ло́ндон, литерату́ра
Пп	парк, пило́т, план, поли́тика, профе́ссор
Жж	Жене́ва, журна́л, режиссёр, журнали́ст, же́нщина
Зз	газе́та, заво́д, зал, презента́ция, заня́тие
Ии	институ́т, игра́, И́ндия, иностра́нец, ию́нь
Йй	йод, Нью-Йо́рк, канаре́йка, музе́й, трамва́й

5 Handwriting pracrice. Look at the following words. Then practice writing each word yourself. Пра́ктика правописа́ния. Посмотри́те, как напи́саны слу́дующие слова́, а зате́м напиши́те их са́ми.

Банан, диск, журналист, балет, лампа

дата, грудь, лимон, газета, институт

галерея, литература, драма, парк, радио

6 Match the words below to make the very famous names. Имена́ каки́х изве́стных люде́й здесь предста́влены?

Ро́нальд	Горбачёв
Ви́льям	Е́льцин
Бори́с	Толсто́й
Мерили́н	Шекспи́р
Михаи́л	Монро́
Лев	Ре́йган

UNIT 1

PRESENTATION

T14　　1　Read and listen. Читайте и слушайте.

a　　Ни́на　　　　　　　　　　　　　　　　Пётр

> Здра́вствуйте. Меня́ зову́т Ни́на.
> Как вас зову́т?
> Hello. My name is Nina.
> What is your name?

> Пётр.
> Peter.

b　　И́горь　　　　　　　　　　　　　　　　А́нна

> До́брое у́тро. Меня́ зову́т И́горь.
> Как тебя́ зову́т?
> Good morning. My name is Igor.
> What is your name?

> Меня́ зову́т А́нна.
> My name is Anna.

UNIT 1

с Джон   **Мари́на**

> Здра́вствуйте. Меня́ зову́т Джон. А вас?
> Hello. My name is John. And yours? (And what is your name?)

> Меня́ зову́т Мари́на.
> My name is Marina.

T14 **2** Listen and repeat. Слу́шайте и повторя́йте.

3 Answer your teacher. Отве́тьте на вопро́с преподава́теля.

> Как вас зову́т?

T15 **4** Read and listen. Чита́йте и слу́шайте.

Пётр

> Джон, э́то Ни́на Смирно́ва.
> Ни́на, э́то Джон Смит.

Джон   **Ни́на**

> Здра́вствуйте, Ни́на.

> Здра́вствуйте, Джон.

T15 🔲 **5** Listen and repeat. Слушайте и повторяйте.

T16 🔲 **6** Read and listen. Читайте и слушайте.

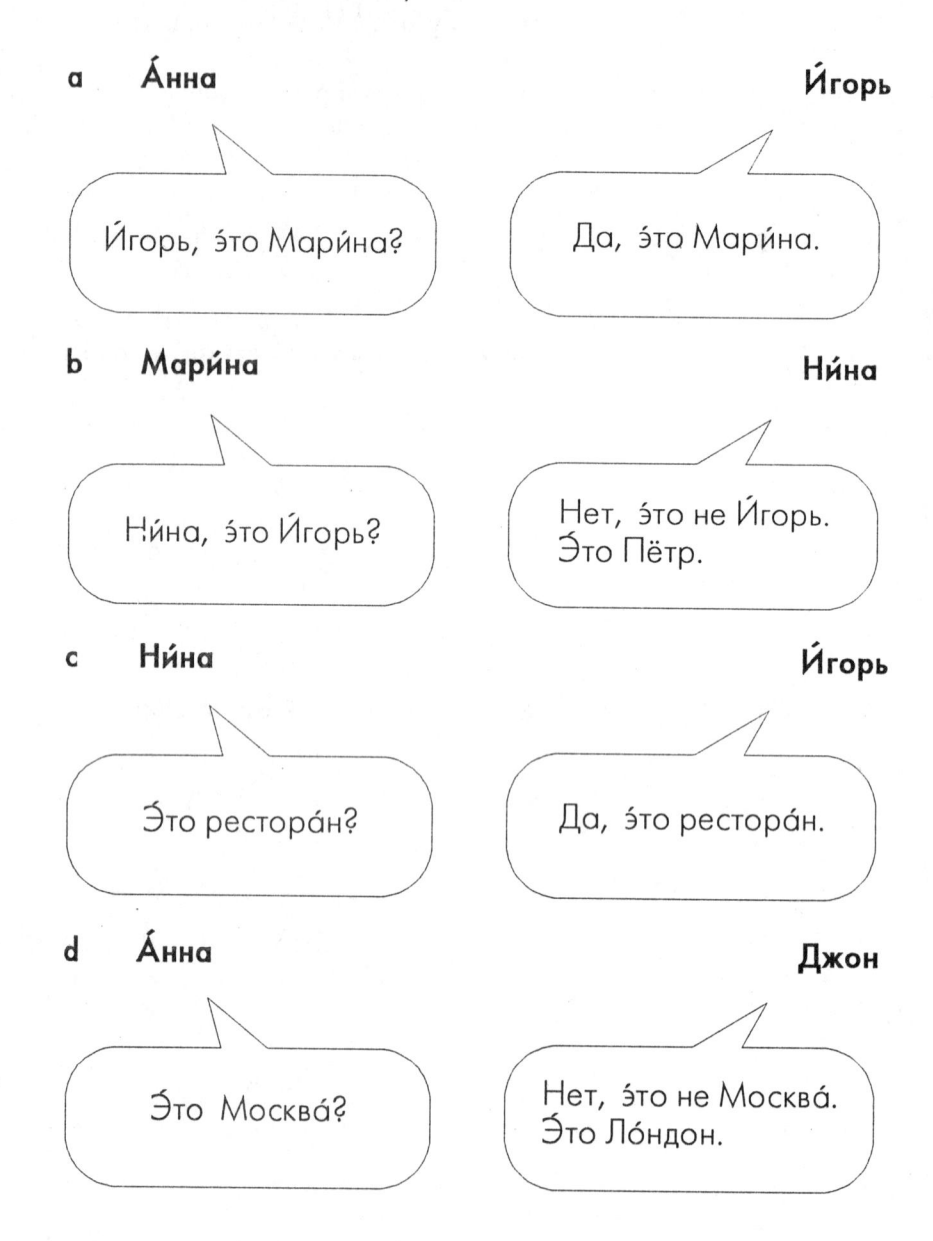

a **Áнна** **И́горь**

И́горь, э́то Мари́на?

Да, э́то Мари́на.

b **Мари́на** **Ни́на**

Ни́на, э́то И́горь?

Нет, э́то не И́горь. Э́то Пётр.

c **Ни́на** **И́горь**

Э́то рестора́н?

Да, э́то рестора́н.

d **Áнна** **Джон**

Э́то Москва́?

Нет, э́то не Москва́. Э́то Ло́ндон.

T16 🔲 **7** Listen and repeat. Слушайте и повторяйте.

UNIT 1   33

8 Look at the pictures and answer the questions. Изучите рисунки и ответьте на вопросы.

— Это Нина?
— Да, _____.

— Это Марина?
— Да, _____.

— Это Пётр и Марк?
— Да, _____.

— Это Джон?
— Нет, _____.

— Это Нина?
— Нет, _____.

— Это Джон и Анна?
— Нет, _____.

COMMUNICATIVE PRACTICE

1 Read and write. Читайте и пишите.

a **Нина**   Здравствуйте. Меня _____ Нина.
             Как _____ зовут?
  Пётр   Пётр.

b	**Игорь**	Доброе _____. Меня зовут Игорь. _____ тебя _____?
	Анна	_____ зовут Анна.
c	**Джон**	_____. Меня зовут Джон. А _____?
	Марина	Меня _____ Марина.
d	**Пётр**	Джон, _____ Нина Смирнóва. _____, это Джон Смит.
	Джон	_____, Нина.
	Нина	Здрáвствуйте, _____.

T14,15 **2** Listen and check. Прослушайте запись и проверьте себя.

3 Look at the pictures and complete the dialogue. Use the model below. Изучите рисунки и восстановите диалоги. Используйте модели.

MODEL:

a

b

— Это Красная плóщадь?
— Да, это Красная плóщадь.
— Спасибо.

— Это аптéка?
— Нет, это магазин.
— Извините.

UNIT 1   35

a

— Это банк?
— Нет, это _____.
— _____.

b

— Это почта?
— Да, это _____.

c

— Алло, это Игорь?
— Нет, это не _____.
— _____.

T17 **4** Listen and repeat. Слушайте и повторяйте.

Useful information

To attract somebody's attention or to start conversation we use the following form:

— Извините, пожалуйста. Это почта (гостиница, метро...)?
(— Excuse me, please. Is this a post-office (a hotel, a subway...))?

5 Find out who is it, what is it. Выясните, кто это, что это.

MODEL: — Извините, пожалуйста, это магазин?
         — Да, это магазин.

почта, каталог, ручка, директор, торт

Language notes

Who is кто. What is что.

T18 **6** Look at the picture. Listen and read. Смотрите на рисунки. Слушайте и читайте.

a
— Кто э́то?
— Э́то И́горь.
— Кто он?
— Он дире́ктор.
— Кто э́то?
— Э́то Мари́на.
— Кто она́?
— Она́ секрета́рь.

b
— Что э́то?
— Э́то телефо́н.
— Что э́то?
— Э́то письмо́.
— Что э́то?
— Э́то кни́га.

7 Read the sentences and write down the questions. Use the model. Прочитайте предложения и напишите к каждому из них по вопросу. Используйте модель.

MODEL:  Э́то письмо́. Что э́то?

a 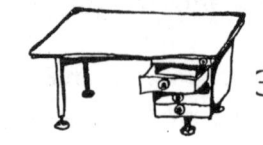 Э́то стол.   **b**  Э́то стул.

c  Э́то газе́та.   **d**  Э́то ру́чка.

UNIT 1   37

e   Это директор.   **g**   Это клиент.

h   Это секретарь.

8   Read the dialogues. Make up similar dialogues. Прочитайте диалоги. Составьте диалоги по аналогии.

a   — Алло, это магазин?
        — Нет, это банк.
        — Извините, пожалуйста.

b   — Алло, это Марина?
        — Да, это я.
        — Здравствуйте, Марина. Это Андрей.
        — Добрый день, Андрей.

9   Read and write. Читайте и пишите.

Как её зовут?   Как её зовут?   Как её зовут?

Её зовут Анна.   _____Наташа.   _____ Марина.

Как его зовут?   Как его зовут?   Как его зовут?

Его зовут Андрей.   _____ Джон.   _____ Ганс.

SKILLS WORK

Reading

Language notes

Как тебя зовут? is used only amongst intimates. In formal situations, and where more than one person is addressed, Как вас зовут? is used.

Useful information

Russians have three names: first name (имя), patronymic (отчество), and last name (фамилия). Имя is given name: Anna, Victor, Marina, Igor.

Отчество is derived from the farther's first name, with the added ending -ovich for sons and -ovna for daughters. For example, if the son's name is Igor, and the farther is Victor, the son will be Igor Victorovich. If a daughter is named Marina, and her father is Petr, then she will be Marina Petrovna.

Фамилия also has different endings for males and females: Igor Petrov, Marina Petrova. Most Russian women take their husband's last name, but there are certainly exeptions.

A few guidelines in addressing people: for friends, use their first name or shortened name (in Russian, most first names have a shortened version: Petr becomes Petya; Irina becomes Ira, etc. Shortened names are used without the patronymic.); for addressing other adults, use their имя + отчество unless they request otherwise.

1 Read the dialogues. Choose the correct picture. Прочитайте диалоги. Подберите к каждому диалогу соответствующий рисунок.

MODEL:

— Здра́вствуйте, меня́ зову́т И́горь.
  А как вас зову́т?
— Меня́ зову́т Ната́ша.

a — Здра́вствуй, меня́ зову́т Мари́я Ива́новна. А как тебя́ зову́т?
  — Меня́ зову́т Серге́й.

b — Здра́вствуйте, меня́ зову́т О́льга Петро́вна. А вас?
  — Меня́ зову́т И́горь Ива́нович.

c — Здра́вствуйте, меня́ зову́т Мари́на. А вас?
  — Меня́ зову́т И́горь.
  — Меня́ зову́т Ната́ша.
  — Меня́ зову́т Серге́й.

2 Read the dialogues. Choose the correct picture. Прочитайте диалоги. Подберите к каждому из них соответствующий рисунок.

a
— Извините, пожалуйста, это банк?
— Да, это банк.
— Спасибо.

b
— Извините, пожалуйста, это магазин?
— Нет, это не магазин. Это аптека.
— Спасибо.

c
— Извините, пожалуйста, это почта?
— Нет, это магазин.
— Спасибо.

UNIT 1

Language notes

PERSONAL PRONOUNS

я	I
ты	you (This is used to address a member of your family, a friend or a child).
он	he
онá	she
онó	it
мы	we
вы	you (more then one person, or one person you don't know well).
они́	they

3 Study the picture and read the text. Изучите рисунок и прочитайте текст.

Э́то я. Меня́ зову́т Андре́й. Я инжене́р. Э́то Мари́на. Онá секрета́рь. Э́то дире́ктор. Его́ зову́т Ива́н Петро́вич. Э́то вы. Вы клие́нт. Мы — компа́ния «Ко́ка-Ко́ла». Э́то они́. Они́ — компа́ния «Пе́пси-ко́ла».

4 Complete the sentences. Закончите предложения.

a Меня зовут Андрей. _____ инженер.
b Это Иван Петрович. _____ директор.
c Её зовут Марина. _____ секретарь.

Writing

1 Complete the dialogues. Восстановите диалоги.

a — Меня зовут Игорь. А _____?
— Меня зовут Ирина Петровна.

b — Меня зовут Ирина. А _____?
— _____ Джон.

2 Complete the dialogues. Восстановите диалоги.

a — _____, пожалуйста, это _____?
— ____, это банк.
— Спасибо.

b — Извините, _____, это магазин?
— Нет, это не _____. Это аптека.
— _____.

UNIT 1
43

c — _____, _____, это по́чта?
— _____, э́то магази́н.
— Спаси́бо.

Listening

T19 Listen and check. Прослушайте запись и проверьте себя.

Speaking

Stand up and practise. Встаньте и попрактикуйтесь, познакомьтесь с коллегами по классу.

— Здра́вствуйте. Меня́ зову́т _____ . А вас?
— Меня́ зову́т _____ .

TRANSFER

1 Work in pairs. Use the business cards below to practise introductory conversations. Работайте в парах. Используйте предложенные визитные карточки, попрактикуйтесь представляться и представлять друг друга.

MODEL: a — Меня́ зову́т Джон Смит. Я инжене́р.
b — Кто э́то?
— Э́то Джон Смит.
— Кто он?
— Он инжене́р.

Джон Смит
инженер
тел. 854-31-28

a

СМИРНОВ
Иван Петрович
Директор

b

Васильева
Ирина Ивановна
секретарь

Basic Russian

2 Work in groups of three. Работайте в группах по три человека.

a Introduce yourself to the others. Представьтесь своим коллегам.
b Introduce the other two to each other. Представьте ваших коллег друг другу.

EVERYDAY RUSSIAN

T1 **1** Listen and repeat the alphabet. Слушайте и повторяйте алфавит.

А	Б	В	Г	Д	Е	Ё	Ж	З	И	К	Л
М	Н	О	П	Р	С	Т	У	Ф	Х	Ц	Ч
Ш	Щ	Ъ	Ы	Ь	Э	Ю	Я

2 Work in pairs. You are phoning someone in Russia. It's a bad line and they can't hear you very well. They ask you to spell: a) your name; b) your company name. Работайте в парах. Вы звоните в Россию, очень плохо слышно, вас просят проговорить по буквам ваше имя и название вашей компании.

3 Complete the puzzle. Разгадайте кроссворд.

1	Б	А	Н	К
2	П
3	М
4	П
5	Р
6	Д
7	Г
8	Т
9	С

4 Work in pairs. Look at the pictures and ask your partner: Кто это? Что это? Работайте в парах. Задайте партнеру вопрос по каждому рисунку: Кто это? Что это?

UNIT 1

DRILL

1
Здравствуйте.— Hello.
Доброе утро. — Good morning.
Меня зовут ... .— My name is ...
Как вас зовут? — What is your name?
Как его (её) зовут? — What is his (her) name?
Как тебя зовут? — What is your name?
Нина, это Джон. — Nina, this is John.
Джон, это Нина. — John, this is Nina.
Кто это? — Who is it?
Кто он (она)? — What's his(her) job?
Что это? — What is it?
Это магазин? — Is this the shop?
Да, это магазин.— Yes, this is the shop.
Нет, это не магазин. Это аптека. — No, this is not the shop. This is the pharmacy.
Нет, это аптека. — No, this is the pharmacy.
Извините, пожалуйста. — Excuse me, please.
Спасибо. — Thank you.
Пожалуйста. — You are welcome.

2 PERSONAL PRONOUNS

я	I
ты	you (This is used to address a member of your family, a friend or a child).
он	he
она	she
оно	it
мы	we
вы	you (more then one person, or one person you don't know well).
они	they

VOCABULARY

а — and, but
аптéка — pharmacy
банк — bank
вы — you
газéта — newspaper
гостúница — hotel
да — yes
день — day
дирéктор — director
Дóброе ýтро — good morning
Здрáвствуйте — hello
извинúте — excuse me
инженéр — engineer
каталóг — catalogue
клиéнт — client
кнúга — book
Крáсная плóщадь — Red Square
кто — who
Лóндон — London
магазúн — shop
Москвá — Moscow
мы — we

не — not
нет — no
он — he
онá — she
онú — they
онó — it
письмó — letter
пожáлуйста — please
пóчта — post-office
продýкты — food
ресторáн — restaurant
рýчка — pen
секретáрь — secretary
спасúбо — thank you
стол — table
стул — chair
телефóн — telephone
торт — cake
ты — you
что — what
э́то — this
я — I

UNIT 2

PRESENTATION

T20 **1** Read and listen. Читайте и слушайте.

— Здрáвствуйте.
— Hello.
— Здрáвствуйте.
— Hello.
— Извинúте, как вас зовýт?
— Excuse me, what is your name?
— Меня зовýт Джýлия. А как вас зовýт?
— My name is Julia. And what is your name?
— Меня́ зовýт Пётр. Вы студéнтка?
— My name is Peter. Are you a student (female)?
— Да, я студéнтка. Вы студéнт?
— Yes, I'm a student. Are you a student (male)?
— Нет, я журналúст.
— No, I'm a journalist.

T20   **2**   Listen again and repeat. Прослушайте диалог еще раз и повторите его вслед за дикторами.

Language notes

a   Russian does not require any equivalent for *am, is,* or *are* (the present tense of verb *to be*:

He is a journalist. — Он журналист.

b   All Russian nouns belong to one of three different categories, depending on what the last letter is. These three categories, known as *genders*, are masculine, feminine, and neuter. Most male beings are masculine, all these are referred to with the pronoun он/ *he*. Most female beings are feminine, which are all referred to as она/*she*. The neuter category, the smallest one in Russian, includes such things as *morning*, and *letters*, they are called оно/ *it*.

GENDER OF NOUNS

MASCULINE ОН ENDINGS: -	FEMININE ОНА́ ENDINGS: -а, -я	NEUTER ОНО́ ENDINGS: -о, -е
сто**л**	Москв**а́**	письм**о́**
Ло́ндо**н**	семь**я́**	у́тр**о**
трамва́**й**	по́чт**а**	упражне́ни**е**
ру́б**ль**	но**чь**	метр**о́**
студе́н**т**	студе́нтк**а**	ра́ди**о**

3   Arrange the words in accordance with their gender. Распределите слова по родам.

студе́нтка	рестора́н	америка́нец	газе́та
письмо́	апте́ка	магази́н	англича́нка
банк	кни́га	гости́ница	англича́нин
по́чта	журнали́стка	телефо́н	ру́чка
кафе́	дире́ктор	метро́	америка́нка
у́тро	Ло́ндон	студе́нт	ра́дио

UNIT 2

ОН	ОНÁ	ОНÓ
банк	кни́га	у́тро

4 Put the conversation in the correct order. Расста́вьте ре́плики диало́га в пра́вильном поря́дке.

- [1] — Здра́вствуйте.
- [ ] — Да, я студе́нтка.
- [ ] — Извини́те, как вас зову́т?
- [ ] — Меня́ зову́т Ви́ктор. Вы студе́нтка?
- [ ] — Меня́ зову́т А́нна. А как вас зову́т?
- [ ] — Здра́вствуйте.

T21 **5** Listen and check your answers. Прослу́шайте диало́г и прове́рьте свои́ отве́ты.

T22 **6** Read and listen. Чита́йте и слу́шайте.

— Извини́те, вы студе́нтка?
— Excuse me, are you a student?
— Нет, я журнали́стка.
— No, I'm a journalist.
— Вы хорошо́ говори́те по-ру́сски.
— You speak good Russian.
— Спаси́бо. Мой друг говори́т, что я говорю́ по-ру́сски о́чень ме́дленно.
— Thank you. My friend says, that I speak Russian very slowly.

7 Answer the questions. Use the model. Ответьте на вопросы, используя модель.

MODEL: — Вы говорите по-английски?
— Да, я говорю по-английски.
or
— Нет, я не говорю по-английски.

a Вы говорите по-францу́зски?
b Вы говорите по-испа́нски?
c Вы говорите по-неме́цки?
d Вы говорите по-япо́нски?
e Вы говорите по-ара́бски?
f Вы говорите по-ру́сски?

8 Ask your partner what languages does he speak. Спросите партнера, на каких языках он говорит.

Language notes

Infinitive of nearly all Russian verbs ends -ть. Basically there are two types of Russian verb.

Type 1 **verbs usually have** -a- **before** -ть. **The Russian for** to work **is** рабо́тать. **To make the equivalents of the present tense** I work, he works, she works, I'm working etc. You need, first, the right pronoun, e.g. я/I, вы/you, then, secondly, you take the **-ть** off the infinitive and add the **required personal ending:**

я	рабо́таю	I work
ты	рабо́таешь	You work
он/она́	рабо́тает	He/she/it works
мы	рабо́таем	We work
вы	рабо́таете	You work
они́	рабо́тают	They work

Type 2 **verbs usually have** -и- **before** -ть. **The Russian for** to speak **is** говори́ть. **Take off the** -ить **the infinitive and add the required personal ending:**

UNIT 2

я	говорю́	I speak
ты	говори́шь	You speak
он/она́	говори́т	He/she/it speaks
мы	говори́м	We speak
вы	говори́те	You speak
они́	говоря́т	They speak

T23 **9** Listen and repeat. Слушайте и повторяйте.

— Вы хорошо́ говори́те по-ру́сски.
— Спаси́бо. Мой друг говори́т, что я говорю́ по-ру́сски о́чень ме́дленно.

10 Say in Russian. Переведите на русский язык.

I work.   She speaks.   He works.

We work.   You speak.   They work.

11 Complete the tables. Заполните таблицы.

Де́лать — to do

я	де́лаю
ты	
он/она́	
мы	
вы	
они́	

Отдыха́ть — to rest

я	отдыха́ю
ты	
он/она́	
мы	
вы	
они́	

12 Answer the questions. Use the following verbs. Ответьте на вопросы, используя следующие глаголы.

MODEL: — Что вы де́лаете? (What are you doing?)   (рабо́тать)
— Я рабо́таю.

a   b   c

Что он де́лает?
(говори́ть)

Что она́ де́лает?
(отдыха́ть)

Что они́ де́лают?
(рабо́тать)

13 Ask question. Use the model below. Задайте вопросы к выделенным словам.

MODEL: Она́ отдыха́ет. **Что она́ де́лает?**

a   Он **отдыха́ет**. _____?
b   Мы **рабо́таем**. _____?

UNIT 2

    c   Они **говорят по-русски**. _____?

    d   Я **работаю**. _____?

    e   Виктор **говорит по-английски**. _____?

14 Put the conversation in the correct order. Расставьте реплики диалога в правильном порядке.

    [1] — Извините, вы студентка?

    [ ] — Нет, я журналистка.

    [ ] — Спасибо. Мой друг говорит, что я говорю по-русски очень медленно.

    [ ] — Вы хорошо говорите по-русски.

15 Ask your partners what are they doing now. Спросите партнёров, что они делают сейчас.

COMMUNICATIVE PRACTICE

1 Put the correct endings. Вставьте пропущенные окончания.

    a — Они работа[ ]?
          — Нет, они не работа[ ].

    b — Она говор[ ] по-русски?
          — Да, она говор[ ] по-русски.

    c — Вы говор[ ] по-русски?
          — Я говор[ ] по-русски очень медленно.

    d — Что вы дела[ ]?
          — Мы отдыха[ ].

T24 **2** Read and listen. Читайте и слушайте.

— Извините, пожалуйста, вы здесь работаете?
— Да, я здесь работаю.
— Вы секретарь?
— Да, я секретарь.
— Как вас зовут?
— Марина.
— Марина, извините, а кто это?
— Это Иван Иванович Петров.
— Он директор фирмы?
— Нет, он программист.
— А кто директор?
— Нина Сергеевна Воронова.
— Она говорит по-английски?
— Да, она хорошо говорит по-английски.
— Что она делает сейчас?
— Она работает.
— Спасибо.
— Пожалуйста.

T24 **3** Listen again and complete the dialogue. Прослушайте запись ещё раз и восстановите диалог.

— Извините, пожалуйста, вы здесь _____?
— Да, я здесь работаю.
— _____?
— Да, я секретарь.
— _____?
— Марина.
— Марина, извините, а _____?
— Это Иван Иванович Петров.

UNIT 2   55

— Он директор фирмы?
— _____, он программист.
— _____?
— Нина Сергеевна Воронова.
— Она говорит _____?
— Да, она _____ по-английски.
— Что она _____ сейчас?
— Она _____.
— Спасибо.
— _____.

T24 **4** Listen and check. Прослушайте диалоги еще раз и проверьте свои ответы.

Useful information

a If you want to contrast something, you need а. A means and/but (implying slight contrast, whereas).

Я читаю громко, а Бекки читает тихо.

compare

Я читаю громко, и Бекки читает громко.

b — Как Марина говорит по-английски?
(— How does Marina speak English?)
— Хорошо. Она говорит быстро и правильно.
(— Good. She speaks fast and correct.)

ОЧЕНЬ

Хорошо — плохо

Громко — тихо

Быстро — медленно

5 Complete the sentences. Закончите предложения.

MODEL: Марина работает **хорошо**, а Игорь _____.
Марина работает **хорошо**, а Игорь **плохо**.

a Джон читает **плохо**, а Томас читает _____.
b Анна говорит **громко**, а я говорю _____.
c Игорь говорит по-английски очень **медленно**, а Пётр говорит по английски _____.

SKILLS WORK

Reading

1 Read the dialogues. Choose the correct picture. Прочитайте диалоги. Определите, какому рисунку они соответствуют.

a — Извините, вы секретарь?
— Нет, я директор.

b — Извините, пожалуйста, вы здесь работаете?
— Нет, я здесь не работаю.
— А что вы здесь делаете?
— Я клиент.

c — Извините, кто это?
— Это Джон Смит.

UNIT 2   57

— Кто он?
— Он инженéр.
— А кто э́то?
— Э́то Пётр Ива́нович Кузнецов.
— Кто он?
— Он дире́ктор.

Writing

1 Answer the questions. Write down the answers. Ответьте на вопросы. Запишите свои ответы.

a Преподава́тель говори́т по-англи́йски?
b Как она́ говори́т по-англи́йски?
c Вы рабо́таете?
d Вы говори́те по-ру́сски?
e Как вы говори́те по-ру́сски?
f Преподава́тель хорошо́ говори́т по-англи́йски?
g Что вы сейча́с де́лаете?

TRANSFER

Ask your partner as many questions as you can in Russian. Задайте своему партнеру столько вопросов, сколько сможете сконструировать по-русски.

EVERYDAY RUSSIAN

T25 **1** Read and listen. Читайте и слушайте.

1 — оди́н	5 — пять	9 — де́вять
2 — два	6 — шесть	10 — де́сять
3 — три	7 — семь	
4 — четы́ре	8 — во́семь	

T25 **2** Listen and repeat. Слушайте и повторяйте.

3 Say the numbers your teacher writes. Проговорите вслух те цифры, которые написал для вас преподаватель.

4 Write the numbers your teacher says. Запишите цифры, которые диктует вам преподаватель.

DRILL

1

я	рабо́таю	I work
ты	рабо́таешь	You work
он/она́/оно́	рабо́тает	He/she/it works
мы	рабо́таем	We work
вы	рабо́таете	You work
они́	рабо́тают	They work

2

я	говорю́	I speak
ты	говори́шь	You speak
он/она́/оно́	говори́т	He/she/it speaks
мы	говори́м	We speak
вы	говори́те	You speak
они́	говоря́т	They speak

3

1 — оди́н
2 — два
3 — три
4 — четы́ре
5 — пять
6 — шесть
7 — семь
8 — во́семь
9 — де́вять
10 — де́сять

VOCABULARY

америка́нец — American (man)
америка́нка — American (woman)
англича́нин — Englishman
англича́нка — Englishwoman
бы́стро — fast
во́семь — eight
говори́ть — to speak
гро́мко — loud
два — two
де́вять — nine
де́лать — to do
де́сять — ten

друг — friend
журнали́ст — journalist (male)
журнали́стка — journalist (female)
здесь — here
и — and
как — how
кафе́ — cafe
ме́дленно — slowly
метро́ — subway
ночь — night
оди́н — one
отдыха́ть — to rest

о́чень — very
пло́хо — bad
по-ара́бски — in Arabic
по-испа́нски — in Spanish
по-неме́цки — in German
по-ру́сски — in Russian
по-францу́зски — in French
по-япо́нски — in Japanese
пра́вильно — correct
преподава́тель — teacher
программи́ст — programmist
пять — five
рабо́тать — to work
ра́дио — radio
рубль — rouble

сейча́с — now
семь — seven
семья́ — family
студе́нт — student (male)
студе́нтка — student (female)
ти́хо — quiet
трамва́й — tram
три — three
упражне́ние — exercise
фи́рма — firm
хорошо́ — well, good
четы́ре — four
что — that (cj)
шесть — six

UNIT 3

PRESENTATION

T26　1　Read and listen. Читайте и слушайте.

— Здравствуйте. Вы говорите по-русски?
— Hello. Do you speak Russian?

— Да, немного.
— Yes, a little.

— Вы работаете в Москве?
— Do you work in Moscow?

— Да, я работаю в Москве в банке.
— Yes, I work in Moscow in a bank.

— Извините, как вас зовут?
— Excuse me, what is your name?

— Меня зовут Мэри. А вас?
— My name is Mary. And what's yours?

— Меня зовут Игорь.
— My name is Igor.

— Очень приятно, Игорь. Вы тоже работаете в Москве?
— Pleased to meet you, Igor. Do you also work in Moscow?

— Нет, я рабо́таю в Ки́еве.
— No, I work in Kiev.

T26 **2** Listen and repeat. Слушайте и повторяйте.

3 Answer your teacher. Ответьте на вопросы преподавателя.

a

> Где вы рабо́таете?
> Where do you work?

b

> Вы рабо́таете в Москве́?
> Do you work in Moscow?

Language notes

1 More on verbs: conjugation Type 1B жить 'to live'. Type 1 (see рабо́тать) has a variant called Type 1B. The stem of 1B verbs ends in a consonant and is often hard to predict from the infinitive form. Жить [to live] is a typical example: its stem is жив-. The endings of Type 1B verbs are the same as a Type 1 except that they have у where Type 1 has ю, and e becomes ё when the stress falls on it.

Я живу́	[ya zhi-voo]	I live
ты живёшь	[ti zhi-vyosh]	you live
он/она́/оно́ живёт	[on/ona zhi-vyot]	he/she/it lives
мы живём	[mi zhi-vyom]	we live
вы живёте	[vi zhi-vyo-tye]	you live
они́ живу́т	[a-nee zhi-voot]	they live

2 The -e ending is the prepositional case (also sometimes called the locative). This case is simply an ending which must be used after certain prepositions. The commonest three prepositions requiring the prepositional case are:

UNIT 3

в	in	в банке́
на	on	на у́лице

For example, the answer to Where is he? — Где он? **Might be** Он в ба́нке.

Not all nouns ends -е. Feminine nouns ending in a soft sign ь replace the soft sign by -и.

Сиби́рь — в Сиби́ри

And nouns ending -ия and -ие also have -и, not -е in a place of the final letter of the nominative.

Росси́я — в Росси́и

упражне́ние — в упражне́нии

4 Insert the verb «жить» in the required form. Вставьте глагол «жить» в нужной форме.

a Я _____ в Москве́.
b Он _____ в Ло́ндоне, а она́ _____ в Ливерпу́ле.
c Где вы _____ ?
d Где они́ _____ ?
e Где ты _____ ?

5 Pay attention to the pronunciation of the preposition. Work in pairs. Ask your partner. Use the model below. Обратите внимание на чтение и употребление предлога. Работайте в парах. Задайте своему партнеру вопрос, используя следующую модель.

Useful information

рабо́тать в Петербу́рге [фп']етербу́рге
Берли́не [вб']ерли́не

MODEL: — Где вы рабо́таете?
— Я рабо́таю в университе́те.

университе́т		университе́те
рестора́н		рестора́не
музе́й		музе́е
теа́тр	**в**	теа́тре
кли́ника		кли́нике
компа́ния		компа́нии
центр		це́нтре
го́род		го́роде

but

у́лица		у́лице
проспе́кт		проспе́кте
заво́д	**на**	заво́де
по́чта		по́чте

6 Ask your partner where does he work. Спроси́те своего́ партнёра, где он рабо́тает.

MODEL: — Где вы рабо́таете?
— Я рабо́таю в магази́не. Я дире́ктор.

7 Insert the missing endings. Answer the questions. Use the map below. Вста́вьте пропу́щенные оконча́ния. Отве́тьте на вопро́сы, испо́льзуя сле́дующую ка́рту.

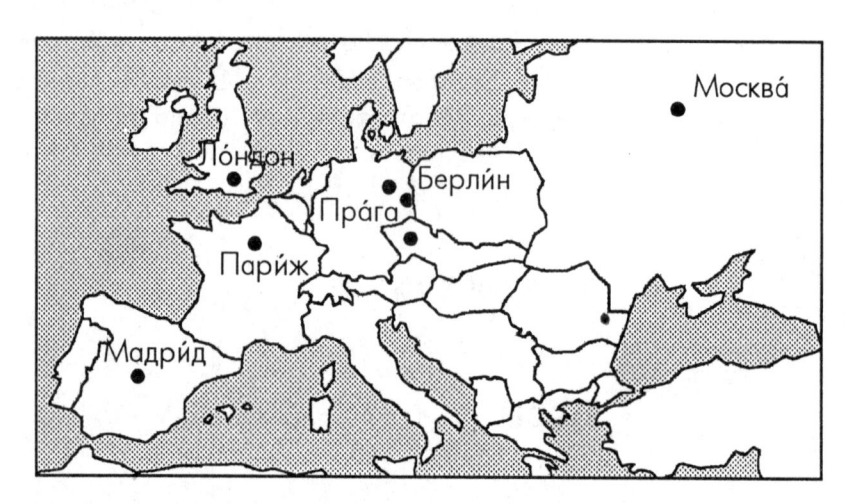

Ло́ндон, Берли́н, Пра́га, Пари́ж, Мадри́д, Москва́

UNIT 3

MODEL: — Где он отдыха́ет?
— Он отдыха́ет в Ло́ндоне.

a Где она́ отдыха́___?
_____

b Где они́ отдыха́___?
_____

c Где он отдыха́___?
_____

d Где вы отдыха́___?
_____

e Где ты отдыха́___?.
_____

T27 **8 a** Read and listen. Чита́йте и слу́шайте.

— Где вы живёте, Джу́лия?
— Я сейча́с живу́ и рабо́таю в Москве́. А вы где живёте, Андре́й?
— Я живу́ в Москве́, но рабо́таю в Ло́ндоне. Где вы живёте в Москве́?
— В це́нтре, на у́лице Но́вый Арба́т.

b Listen and repeat. Слу́шайте и повторя́йте.

9 Say in Russian. Переведи́те на ру́сский язы́к.

a — Where do you live?
b — I live and work in Moscow at the moment.
c — I live in London, but work in Moscow.
d — Where do you live in Moscow?
e — I live in the centre, on Novy Arbat street.

Language notes

HOW TO MAKE PLURALS

SINGULAR	PLURAL	ENDING
магази́н [-]	магази́ны	[-] → ы masc.
газе́т [а]	газе́ты	[а] → ы fem.
письм [о́]	пи́сьма	[о] → а neut.

10 Put the correct plural endings and translate. Образуйте от данных существительных форму множественного числа и переведите их на родной язык.

магази́н → магази́ны

маши́на   телефо́н   фи́рма
клие́нт   рестора́н   стол
у́лица   студе́нт   окно́

COMMUNICATIVE PRACTICE

1 Look at the picture and complete the dialogue with the required preposition. Изучите рисунок и вставьте в диалог пропущенные предлоги.

— Ни́на, где па́спорт?
— Он _____ столе́.
— А где письмо́?
— Оно́ _____ столе́.

T28 **2** Listen and check. Прослушайте диалог и проверьте свои ответы.

UNIT 3

T29   **3**   Listen and put the conversation in the correct order. Прослушайте диалог и расставьте реплики в правильном порядке.

- [1] — Извините, вы говорите по-русски?
- [ ] — Я живу в Москве на Арбате.
- [ ] — Я работаю в компании «Шелл». Вы живёте в Москве?
- [ ] — Да, немного.
- [ ] — Нет, я работаю в институте. А где вы работаете?
- [ ] — Вы работаете в банке?
- [ ] — Нет, я живу в Санкт-Петербурге. А где вы живёте?

T29   **4**   Listen and check. Прослушайте диалог и проверьте свои ответы

5   **a**   Match a line in column A with a line in column B. Подберите к глаголу слева соответствующее ему слово справа. Соедините их линией.

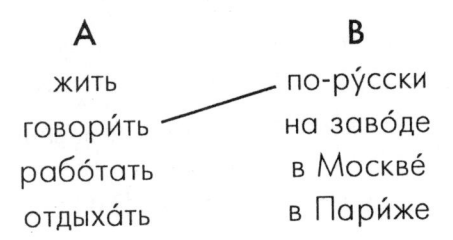

A	B
жить	по-русски
говорить	на заводе
работать	в Москве
отдыхать	в Париже

(говорить — по-русски)

b   Test your partner. Say the verb. Your partner completes the phrase. Проверьте своего партнера. Вы называете глагол, ваш партнер должен составить словосочетание.

c   Write one or two more phrases for each verb. Напишите с каждым из этих глаголов одно-два предложения.

6   Rewrite the text below. Replace the words printed in a bold-face type with the plural. Insert the missing prepositions. Перепишите текст, поставив выделенные слова в форму множественного числа. Вставьте пропущенные предлоги.

Я живу ____ Москве ____ улице Вавилова. Я работаю ____ центре ____ Ленинском проспекте ____ компании «Шелл». Я — инженер. Я уже хорошо говорю по-русски, а **партнёр** говорит по-русски очень медленно. **Он** недавно живёт ____ Москве.

Language notes

If you want to describe things by saying they are big, small, red etc., you need adjectives. All Russian adjectives in their nominative, dictionary form end in -ый, -ий or, if the ending is stressed, -ой. All adjectives must agree in number and gender with the nouns they modify. The typical examples are

	SINGULAR		PLURAL
MASCULINE Какой? What kind of? Which?	FEMININE Какая? What kind of? Which?	NEUTER Какое? What kind of? Which?	Какие? What kind of? Which?
больш**ой** журнал	больш**ая** улица	больш**ое** упражнение	больш**ие** улицы
нов**ый** журнал	нов**ая** улица	нов**ое** упражнение	нов**ые** столы
хорош**ий** инженер	хорош**ая** книга	хорош**ее** письмо	хорош**ие** письма

7 Ask questions. Use the model below. Задайте вопросы, используя модель.

MODEL: Это интересная книга.   Как**ая** это книга?

a   Это нов**ая** газе**та**.   _____?
b   Это больш**ой** банк.   _____?
c   Это нов**ые** партнёр**ы**.   _____?
d   Это больш**ое** окн**о**.   _____?
e   Это интересн**ое** письм**о**.   _____?
g   Это больш**ая** компания.   _____?
h   Это нов**ый** директор.   _____?

8 Write the sentences. Use the model. Напишите предложения, используя модель.

MODEL: Это _____ фильм.   Это нов**ый** фильм.

UNIT 3

a   Это но́в**ая** кни́г**а**.   Это _____ маши́н**а**.
                                     Это _____ де́л**о**.
                                     Это _____ студе́нт**ы**.

b   Это больш**о́й** го́ро**д**?   Это _____ письм**о**?
                                     Это _____ у́лиц**а**?
                                     Это _____ фи́рм**а**?

c   Это интере́сн**ый** журнал?   Это _____ но́вост**ь** (f.)?
                                     Это _____ фи́льм**ы**?
                                     Это _____ газе́т**ы**?

9   Work in pairs. Compose the dialogues. Use the model. Работайте в парах. Составьте диалоги, используя модель.

a

MODEL:

фильм

— Это хоро́ший фильм?
— Прекра́сный!

— Это хоро́ший фильм?
— Плохо́й.

кни́га, но́вость, маши́на, упражне́ние

b

MODEL:

го́род

— Это большо́й го́род?
— Огро́мный.

— Это большо́й го́род?
— Ма́ленький.

парк, музе́й, пло́щадь, мо́ре, гора́

10 Read and translate the new words and answer the questions. Прочитайте и переведите новые слова. Ответьте на вопросы, используя модель.

хоро́ший	плохо́й
большо́й	ма́ленький
тру́дный	лёгкий
ста́рый	но́вый
интере́сный	неинтере́сный

Useful information

лёгкий — лё[х]кий [lyoh-kee]

MODEL: — Это больша́я компа́ния?
— Нет, это ма́ленькая компа́ния.

a Это но́вый музе́й?
b Это лёгкий вопро́с?
c Это хоро́шая маши́на?
d Это интере́сный фильм?
e Это ма́ленькая страна́?

11 Continue the series of words. Продолжите ряды слов.

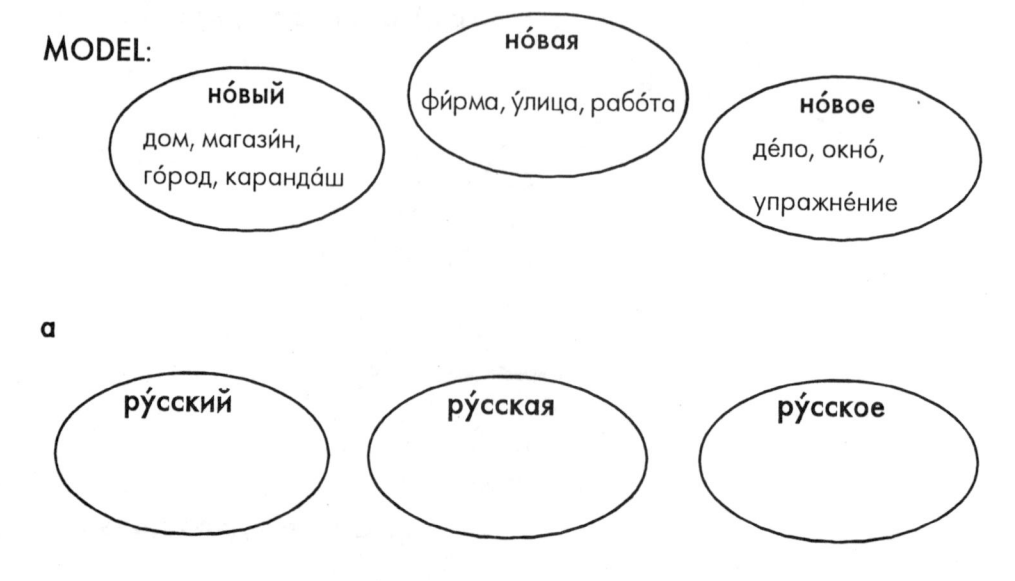

MODEL:

но́вый
дом, магази́н, го́род, каранда́ш

но́вая
фи́рма, у́лица, рабо́та

но́вое
де́ло, окно́, упражне́ние

a

ру́сский

ру́сская

ру́сское

UNIT 3

b

(лёгкий)   (лёгкая)   (лёгкое)

c

(интересный)   (интересная)   (интересное)

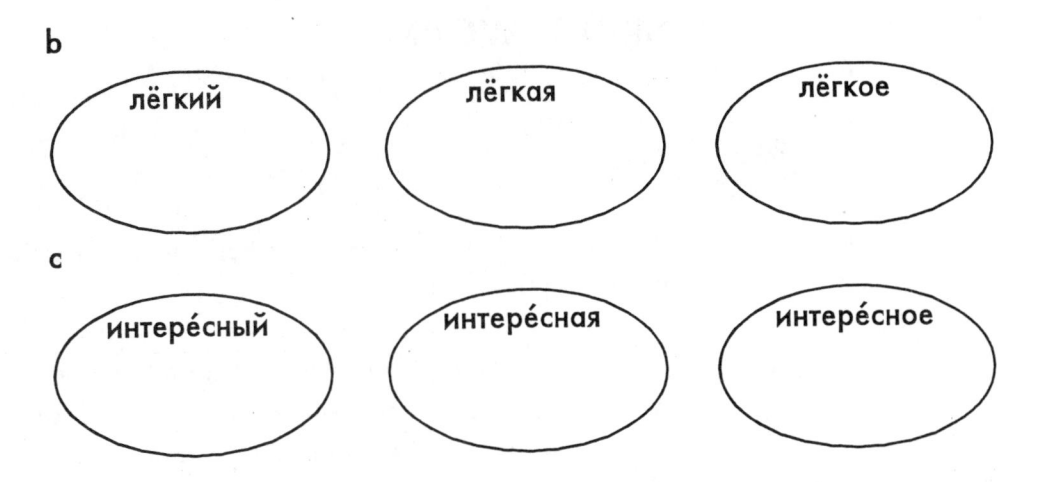

Language notes

An adjective qualifies a noun and agrees with that noun. It answers question: Какой? Какая? Какое? or Какие? (What kind of? or Which?)

Он читал хорошее письмо.

Какое письмо он читал?

An adverb is an invariable word. It modifies a verb and answers the question Как? (How?)

Он читает хорошо.

Как он читает?

12 Complete the sentences using appropriate word given in brackets. Выберите из предлагаемых вариантов подходящее по смыслу слово и закончите предложение.

MODEL: Марина (**плохой/плохо**) говорит по-английски.
Марина **плохо** говорит по-английски.

a   Я (**медленный/медленно**) говорю по-русски.
b   Анна (**хороший/хорошо**) студентка. Она говорит по-русски (**правильный/правильно**) и (**хороший/хорошо**).
c   Это (**трудный/трудно**) работа.
d   В клинике (**трудный/трудно**) работать.
e   Они (**плохой/плохо**) студенты.

SKILLS WORK

Reading

1 Read the text. Insert the missing words. Прочитайте текст. Вставьте пропущенные слова.

Меня зовут Джон. Я журналист. Сейчас я живу и работаю ____ Москве. Москва — огромный город. Я работаю ____ компании CNN. Это очень большая компания. Я ещё плохо говорю по-русски, но мой коллеги говорят по-русски очень _____. Сейчас я много работаю, потому что мой партнёр отдыхает ____ Париже.

2 Answer the questions. Ответьте на вопросы.

a — Как его зовут?
b — Кто он?
c — Где он живёт?
d — Где он работает?
e — Какая это компания?
f — Как он говорит по-русски?
g — Почему он много работает?
h — Где отдыхает партнёр?

Writing

1 Write the following sentences, supplying appropriate prepositions. Translate into English. Перепишите следующие предложения, вставив нужные предлоги. Переведите эти предложения на английский язык.

a Книги ____ столе.
b Мой брат работает ____ почте.
c Я живу ____ Профсоюзной улице.

d Моя́ ма́ма живёт _____ Санкт-Петербу́рге.

e Я рабо́таю _____ компа́нии «Ко́ка-Ко́ла».

2 Put the correct plural endings. От данных существительных образуйте форму множественного числа.

MODEL: страна́ → стра́ны

у́лица	письмо́	конве́рт	фи́рма
заво́д	окно́	докуме́нт	газе́та
журна́л	пробле́ма		

TRANSFER

Ask three students the questions and write the answers. Сформулируйте вопросы и узнайте у трех коллег следующую информацию. Запишите ответы.

Студент 1
Имя _____
Страна _____ Город _____
Адрес _____
Номер телефона _____
Работа _____

Студент 3
Имя _____
Страна _____ Город _____
Адрес _____
Номер телефона _____
Работа _____

Студент 2
Имя _____
Страна _____ Город _____
Адрес _____
Номер телефона _____
Работа _____

EVERYDAY RUSSIAN

T30 **1** Read and listen. Читайте и слушайте.

11 — оди́ннадцать	16 — шестна́дцать
12 — двена́дцать	17 — семна́дцать
13 — трина́дцать	18 — восемна́дцать
14 — четы́рнадцать	19 — девятна́дцать
15 — пятна́дцать	20 — два́дцать

T30 **2** Listen and repeat. Слушайте и повторяйте.

3 Say the numbers your teacher writes. Произнесите вслух цифры, которые преподаватель пишет на доске.

4 Write the numbers your teacher says. Запишите цифры, которые диктует преподаватель.

T30 **5** Listen and tick (✓) the numbers you hear. Прослушайте запись и отметьте (✓) те цифры, которые вы услышали.

2	12	10	20
3	8	13	15
8	4	9	19
17	1	✓11	7
16	13	6	17

UNIT 3

6 Test your partner. Write some numbers. Say them to your partner. Your partner writes them. Check the answers with your partner. Проверьте своего партнера. Напишите несколько цифр. Продиктуйте их партнеру. Ваш партнер должен записать их. Проверьте вместе его записи.

DRILL

1

1	оди́н	11	один-	
2	два	12	две-	
3	три	13	три-	
4	четы́ре	14	четыр-	
5	пять	15	пят-	-надцать
6	шесть	16	шест-	
7	семь	17	сем-	
8	во́семь	18	восем-	
9	де́вять	19	девят-	
10	де́сять	20	два́дцать	

2 Рабо́тать в университе́те...

В...

институ́т — в институ́те
рестора́н — в рестора́не
музе́й — в музе́е
теа́тр — в теа́тре
кли́ника — в кли́нике
компа́ния — в компа́нии
центр — в це́нтре
го́род — в го́роде

НА...

у́лица — на у́лице
проспе́кт — на проспе́кте
заво́д — на заво́де
по́чта — на по́чте

VOCABULARY

áдрес — address
Áнглия — England
Берли́н — Berlin
большо́й — big
в — in
вопро́с — question
восемна́дцать — eighteen
где — where
гора́ — mountain
го́род — city
два́дцать — twenty
двена́дцать — twelve
девятна́дцать — nineteen
де́ло — business
докуме́нт — document
дом — house
жить — to live
журна́л — magazine
заво́д — plant
институ́т — institute
интере́сный — interesting
како́й, -ая, -ое, -ие — which, what
кварти́ра — flat
Ки́ев — Kiev
кли́ника — hospital
колле́га — colleague
компа́ния — company
конве́рт — envelope

лёгкий — light, easy
Ливерпу́ль — Liverpool
ма́ленький — small
ма́рка — stamp
маши́на — car
мно́го — many
мо́ре — sea
музе́й — museum
на — on
неда́вно — not for a long time
немно́го — a little
но — but
но́вость — news
но́вый — new
но́мер — number
огро́мный — huge
оди́ннадцать — eleven
окно́ — window
о́чень прия́тно — pleased to meet you
Пари́ж — Paris
парк — park
партнёр — partner
па́спорт — passport
пе́рвый — first
плохо́й — bad
после́дний — last
потому́ что — because
почему́ — why

президе́нт — president
прекра́сный — wonderful
пробле́ма — problem
проспе́кт — prospect
пятна́дцать — fifteen
рабо́та — job
Росси́я — Russia
ру́сский — Russian
семна́дцать — seventeen
Сиби́рь — Siberia
ста́рый — old
страна́ — country

теа́тр — theatre
то́же — also, too
трина́дцать — thirteen
тру́дный — difficult
уже́ — already
у́лица — street
университе́т — university
фильм — film
хоро́ший — good
центр — centre
четы́рнадцать — fourteen
шестна́дцать — sixteen

UNIT 4

PRESENTATION

T31　　1　Read and listen. Читайте и слушайте.

— Извините, о чём вы так долго говорите?
— Excuse me, what have you been talking about for so long?

— О работе, о Москве, о вас.
— About work, about Moscow, about you.

— И что вы думаете о Москве?
— And what do you think about Moscow?

— Это очень большой город.
— This is a very big city.

— А что вы думаете обо мне?
— And what do you think about me?

— Секрет.
— Secret.

T31　　2　Listen and repeat. Слушайте и повторяйте.

UNIT 4

3 Answer your teacher. Ответьте на вопросы преподавателя.

a

> О чём вы думаете?
> What are you thinking about?

b

> О ком вы думаете?
> Who are you thinking about?

Language notes

писать (1)

я	пишу́
ты	пи́шешь
они́	пи́шут

мечта́ть (1)

я	мечта́ю
ты	мечта́ешь
они́	мечта́ют

ду́мать (1)

я	ду́маю
ты	ду́маешь
они́	ду́мают

чита́ть (1)

я	чита́ю
ты	чита́ешь
они́	чита́ют

The **е** ending is the prepositional case (also sometimes called the locative). This case is simply an ending which must be used after certain prepositions. (Comp.: Я живу́ в Петербу́рге. Я ду́маю о Петербу́рге.) The preposition **о**, which means about, concerning, **requires the prepositional case.** Before a word beginning with а, и, о, у, or э, о becomes об.

   о   about, concerning   о Петре, об автомоби́ле.

Verbs after which the prepositional is used to convey the object.

чита́ть — (Type 1) to read   ду́мать — (Type 1) to think
писа́ть — (Type 1) to write   мечта́ть — (Type 1) to dream
говори́ть — (Type 2) to speak

NOMINATIVE	PREPOSITIONAL
SINGULAR Кто? Что? Who? What?	SINGULAR О ком? О чём? Who about? What about? ENDING -е
поли́тика	(писа́ть) о поли́тике
эконо́мика	(говори́ть) об эконо́мике
письмо́	(мечта́ть) о письме́
Ло́ндон	(чита́ть) о Ло́ндоне
клие́нт	(ду́мать) о клие́нте

1 Feminine nouns which end in -ь have the prepositional sing. Ending -и.

NOMINATIVE SINGULAR	PREPOSITIONAL SINGULAR
пло́щадь	о; на пло́щади

2 Feminine nouns which end in -ия and neuter nouns which end in -ие have the prepositional sing. Ending -ии.

NOMINATIVE SINGULAR	PREPOSITIONAL SINGULAR
ле́кция	о; на ле́кции
упражне́ние	об; в упражне́нии

4 Complete the sentences. Use the model. Восстановите предложения по образцу.

MODEL: Мы говори́м о (спорт). Мы говори́м о спо́рте.

a Мы ду́маем о (рабо́та).
b Мы чита́ем об (институ́т).
c Мы пи́шем о (кли́ника).
d Мы ду́маем о (музе́й).
e Мы говори́м о (компа́ния).
f Мы мечта́ем о (де́ло).

Language notes

PREPOSITIONAL OF PERSONAL PRONOUNS

я	ду́мать обо мне	about me (обо is a rare form of о «about» used with мне)
ты	о тебе́	about you
он	о нём	about him
она́	о ней	about her
мы	о нас	about us
вы	о вас	about you
они́	о них	about them

UNIT 4

5 Put the pronoun in brackets into the correct form. Поставьте местоимения, данные в скобках, в правильной форме.

MODEL: Анна читает о (ты).   Анна читает о **тебе**.

a   Нина думает обо (я).
b   Андрей читает о (он).
c   Игорь говорит о (она).
d   Джулия пишет о (мы).
e   Марина мечтает обо (я).
f   Они пишут в письме о (вы).

6 Answer the questions. Write down the answers. Ответьте на вопросы. Запишите свои ответы.

MODEL: — Нина думает о Борисе?
— Да, она думает о нём.

a   Марина читает о Джулии и Андрее?
_____

b   Джулия говорит о Сергее?
_____

c   Игорь думает о Наташе?
_____

d   Джон мечтает обо мне?
_____

e   Пётр пишет о нас?
_____

f   Журналисты говорят о них?
_____

7 Form the question with **О ком?** and **О чём?** Задайте вопросы **О ком?** или **О чём?** к выделенным словам.

MODEL:

Марина читает о **президенте**.
О ком она читает?

Андрей пишет о **спорте**.
О чём он пишет?

a   Джон думает о **Марине**.
_____

b   Пётр и Ольга говорят **обо мне**.
_____

c   Эта книга о **театре**.
_____

d   Эта лекция о **Пушкине**.
_____

e   Сестра пишет о **маме**.
_____

f   Ирина читает о **политике**.
_____

g   Я мечтаю об **отпуске**.
_____

UNIT 4

Language notes

THE PREPOSITIONAL SINGULAR OF ADJECTIVES

	SINGULAR		
	MASCULINE	FEMININE	NEUTER
NOMINATIVE	Какой фильм? новый фильм	Какая газета? новая газета	Какое письмо? новое письмо
PREPOSITIONAL	О каком фильме? о новом фильме -ом (-ем)	О какой газете? о новой газете -ой (-ей)	О каком письме? о новом письме -ом (-ем)

8 Read the questions and answers. Прочитайте вопросы и ответы.

a — О каком фильме они говорят?
— Они говорят о новом фильме.

b — О какой машине вы мечтаете?
— Я мечтаю о большой машине.

c — О каком театре вы читаете?
— Мы читаем о русском театре.

d — О каком друге она думает?
— Она думает о старом друге.

9 Insert the missing endings. Вставьте пропущенные окончания.

MODEL: Маша мечтает о больш___ доме.
Маша мечтает о большом доме.

a Марина мечтает о нов____ машине.
b Джон и Игорь говорят о больш____ клинике.

c   Пётр пишет о стар____ друге.
d   Наташа читает о маленьк____ городе.
e   Таня думает об интересн____ письме.

COMMUNICATIVE PRACTICE

1   Write the following sentences, supplying appropriate prepositions. Перепишите предложения, вставив пропущенные предлоги.

a   Мы говорим _____ новом автомобиле.
b   Они читают _____ американском футболе.
c   Я живу _____ большом городе.
d   Она думает _____ новой работе.
e   Они работают _____ большой фирме.
f   Я пишу _____ старой Москве.

2   Answer the questions. Ответьте на вопросы.

MODEL:

О чём они говорят?
(американская политика)
Об американской политике.

a   О чём вы читаете?   (итальянский футбол)
b   О чём пишут в газете?   (американский президент)
c   О чём вы думаете?   (новая работа)

d О чём э́тот фильм? (больша́я семья́)

e О чём вы мечта́ете? (огро́мный о́тпуск)

3 Read the text. Note the use of prepositions. Translate into English. Прочита́йте текст. Обрати́те внима́ние на испо́льзование предло́гов. Переведи́те текст на англи́йский язы́к.

Я и моя́ жена́ Кэ́рол сейча́с живём и рабо́таем **в Москве́**. Мы рабо́таем **в но́вом большо́м ба́нке на у́лице Ду́бова**. Рабо́та о́чень интере́сная. Мы говори́м **о поли́тике**, мно́го пи́шем и чита́ем **о росси́йской эконо́мике**. Моя́ жена́ мечта́ет **о ма́ленькой соба́ке**, а я мечта́ю **о большо́м о́тпуске**. Отдыха́ем мы обы́чно **в Ло́ндоне**.

4 Make up questions to the text (Ex. 3). Use the model. Зада́йте вопро́сы к вы́деленным слова́м те́кста (Упр. 3). Испо́льзуйте моде́ль.

MODEL: Они́ рабо́тают **в Москве́**.
Где они́ сейча́с живу́т и рабо́тают?

SKILLS WORK

Writing

1 Complete the dialogue. Восстанови́те диало́г.

— Здра́вствуйте. Вы говори́те по-ру́сски?
— _____

— Вы рабо́таете в Москве́?
— _____

— Извини́те, как вас зову́т?
— _____

— Меня́ зову́т И́горь.

— _____

— Нет, я рабо́таю в Ки́еве. Извини́те, вы чита́ете об америка́нском футбо́ле?

— _____

Reading

1 Read the dialogues. Choose the correct picture. Прочита́йте диало́ги. Подбери́те соотве́тствующие им рису́нки.

a — Ты ду́маешь о нас?
— Нет, я ду́маю о но́вой рабо́те.

b — Вы чита́ете о Мари́не?
— Да, я чита́ю о ней.

c — Вы говори́те о́бо мне?
— Нет, мы говори́м о нём.

UNIT 4   87

TRANSFER

Study the picture. Make a short story about what you see in the picture.
Рассмотрите рисунок. Составьте маленький рассказ.

EVERYDAY RUSSIAN

Seasons. Months / Времена года. Месяцы

T32   **1**   Read and listen. Читайте и слушайте.

ЗИМА́ (winter)	ВЕСНА́ (spring)	ЛЕ́ТО (summer)	О́СЕНЬ (autumn)
дека́брь	март	ию́нь	сентя́брь
янва́рь	апре́ль	ию́ль	октя́брь
февра́ль	май	а́вгуст	ноя́брь

T32 🎧 **2** Listen and repeat. Слушайте и повторяйте.

3 Practise saying months. Проговорите вслух названия месяцев.

4 Put the months in the correct place on the circle. Впишите в круг названия месяцев.

Весна́ — Март, Ию́нь
Ле́то
О́сень — Сентя́брь
Зима́ — Дека́брь

февра́ль, ноя́брь, апре́ль, ию́нь, а́вгуст, октя́брь, янва́рь, май

5 Answer the questions. Use the table. Ответьте на вопросы, используя таблицу.

Когда́? When?	Когда́? When?
в январе́	зимо́й (in winter)
в феврале́	
в ма́рте	весно́й (in spring)
в апре́ле	
в ма́е	
в ию́не	ле́том (in summer)
в ию́ле	
в а́вгусте	
в сентябре́	о́сенью (in autumn)
в октябре́	
в ноябре́	
в декабре́	

UNIT 4

MODEL: — Когда хорошая погода в Англии?
— В Англии хорошая погода летом.

or

— В Англии хорошая погода в июле.

a Когда Рождество?
b Когда Новый Год?
c Когда хорошая погода в России?
d Когда плохая погода в Вашингтоне?
e Когда вы обычно отдыхаете?

DRILL

1

	Думать о ком?
я	обо мне
ты	о тебе
он	о нём
она	о ней
оно	о нём
мы	о нас
вы	о вас
они	о них

2 THE PREPOSITIONAL SINGULAR AND PLURAL OF ADJECTIVES

	SINGULAR		
	MASCULINE	FEMININE	NEUTER
NOMINATIVE	Какой фильм? новый фильм	Какая газета? новая газета	Какое письмо? новое письмо
PREPOSITIONAL	О каком фильме? о новом фильме -ом (-ем)	О какой газете? о новой газете -ой (-ей)	О каком письме? о новом письме -ом (-ем)

3

NOMINATIVE SINGULAR Кто? Что?	PREPOSITIONAL SINGULAR О ком? О чём? ENDING -е
поли́тика	(писа́ть) о поли́тике
эконо́мика	(говори́ть) об эконо́мике
письмо́	(мечта́ть) о письме́
Ло́ндон	(чита́ть) о Ло́ндоне
клие́нт	(ду́мать) о клие́нте

4

ЗИМА́ (winter)	ВЕСНА́ (spring)	ЛЕ́ТО (summer)	О́СЕНЬ (autumn)
дека́брь	март	ию́нь	сентя́брь
янва́рь	апре́ль	ию́ль	октя́брь
февра́ль	май	а́вгуст	ноя́брь

Когда́? When?	Когда́? When?
в январе́	зимо́й (in winter)
в феврале́	
в ма́рте	весно́й (in spring)
в апре́ле	
в ма́е	
в ию́не	ле́том (in summer)
в ию́ле	
в а́вгусте	
в сентябре́	о́сенью (in autumn)
в октябре́	
в ноябре́	
в декабре́	

VOCABULARY

а́вгуст — August
автомоби́ль — car
америка́нский — American
апре́ль — April
весна́ — spring
вре́мя го́да — season
дека́брь — December
до́лго — for a long time
ду́мать — to think
зима́ — winter
италья́нский — Italian
ию́ль — July
ию́нь — June
когда́ — when
ле́кция — lecture
ле́то — summer
люби́мый — favourite
май — may
март — march
мечта́ть — to dream
неде́ля — week
Но́вый год — New year
ноя́брь — November

о (об, о́бо) — about
обы́чно — usually
октя́брь — October
о́сень — autumn
о́тпуск — vacation
писа́ть — to write
пого́да — weather
поли́тика — policy
Рождество́ — Christmas
росси́йский — Russian
ры́ба — fish
сего́дня — today
секре́т — secret
сентя́брь — September
соба́ка — dog
спорт — sport
так — so, so much
февра́ль — February
футбо́л — soccer
чита́ть — to read
эконо́мика — economy
янва́рь — January

Review 1

1 Answer the questions. Ответьте на вопросы.

Это письмо?   Это секретарь?   Это почта?

Это ручка?   Это Джон?   Это Марина?

2 Ask the questions **Кто это?** or **Что это?** about marked words. Задайте вопрос **Кто это?** или **Что это?** к выделенным словам.

MODEL: Кто это?   Это директор.
Что это?   Это газета.

REVIEW 1

    a Это **банк**.   f Это **институт**.
    b Это **студе́нт**.   g Это **конве́рт**.
    c Это **трамва́й**.   h Это **ко́шка**.
    d Это **упражне́ние**.   i Это **теа́тр**.
    e Это **преподава́тель**. j Это **президе́нт**.

3   Write out the sentences, using the required forms of the verbs **жить** and **писа́ть**. Перепиши́те предложе́ния, вставля́я глаго́лы **жить** и **писа́ть** в ну́жной фо́рме.

    a Я _____ в Москве́.
    b Он _____ в Ло́ндоне.
    c Мы _____ в це́нтре.
    d Она́ _____ на у́лице Но́вый Арба́т.
    e Вы _____ в А́нглии.
    f Они́ _____ в Аме́рике.
    g Ты _____ в Петербу́рге.

    a Сейча́с я _____ письмо́.
    b Партнёр не _____ пи́сьма.
    c А вы _____ пи́сьма?
    d Ты _____ письмо́?
    e Они́ _____ письмо́ на по́чте.

4 **a** Conjugate the following verbs on the pattern of the verb **чита́ть**. Проспряга́йте сле́дующие глаго́лы по моде́ли **чита́ть**.

MODEL: Я чита́ю   Мы чита́ем
                   Ты чита́ешь Вы чита́ете
                   Он чита́ет   Они́ чита́ют

Рабо́тать, де́лать, ду́мать, мечта́ть, отдыха́ть

    b Conjugate the verb **говори́ть**. Проспряга́йте глаго́л **говори́ть**.

5 Arrange the following words in three columns, as in the model. Распределите следующие слова в три колонки, используя модель.

MODEL:	Masculine	Feminine	Neuter
	институт	клиника	письмо

футбол, секрет, музей, компания, кошка, адрес, конверт, семья, газета, дело, банк, почта, окно, номер, марка, телефон, ручка, неделя, политика

6 Answer the questions, using the words given in brackets. Write down the answers. Ответьте на вопросы, используя слова, данные в скобках. Запишите ответы.

a Где живут студенты? (Москва)
Где они пишут письмо? (почта)
Где работает журналист? (газета)
Где живёт ваш друг? (центр)
Где живёт ваша семья? (Англия)

b О чём часто думает Марина? (политика)
О ком пишет Моника в письме? (президент)
О чём она мечтает? (отпуск)
О ком она думает? (друг)
О чём он читает? (футбол)

7 Insert the missing prepositions. Вставьте пропущенные предлоги.

a Я работаю ____ университете.
b Майкл живёт ____ улице Малая Дмитровка.
c Они работают ____ почте.
d Марина живёт ____ центре ____ Невском проспекте.
e Игорь работает ____ компании «Кока-Кола».
f Виктор работает ____ большом заводе.

REVIEW 1

8 Make up phrases antonymous to these below. Составьте антонимичные словосочетания.

MODEL: хоро́шая пого́да — плоха́я пого́да

большо́й теа́тр
тру́дное упражне́ние
ста́рое окно́
интере́сный музе́й
огро́мный го́род

9 Answer the questions, using the words given on the right. Ответьте на вопросы, используя слова, данные справа.

MODEL: Кака́я э́то кни́га? Э́то интере́сная кни́га.

a Кака́я э́то кни́га?
Како́й э́то журна́л? | интере́сный
Како́е э́то письмо́?

b Како́й э́то дом?
Како́е э́то упражне́ние? | большо́й
Кака́я э́то компа́ния?

c Како́е э́то окно́?
Каки́е э́то магази́ны? | но́вый
Кака́я э́то газе́та?

10 Complete the sentences, using the antonyms of the adverb used in them. Закончите предложения, используя антонимы наречий, употребленных в этих предложениях.

MODEL: Он чита́ет **бы́стро**, а я чита́ю _____.
Он чита́ет **бы́стро**, а я чита́ю **ме́дленно**.

a Студе́нт говори́т **гро́мко**, а студе́нтка говори́т _____.
b Лари́са чита́ет **ти́хо**, а Майкл чита́ет _____.

c   Учи́тель говори́т по-ру́сски о́чень **хорошо́**,
    а студе́нты говоря́т по-ру́сски _____.

d   Студе́нт де́лает упражне́ние **пра́вильно**,
    а студе́нтка _____.

11 Make up questions to which the following sentences are the answers. Зада́йте вопро́сы к вы́деленным слова́м.

MODEL: — _____?   — Как А́нна чита́ет?
             — А́нна чита́ет **ти́хо**.   — А́нна чита́ет **ти́хо**.

a   _____?
    Студе́нты чита́ют **бы́стро** и **пра́вильно**.

b   _____?
    Ви́ктор чита́ет **ме́дленно**.

c   _____?
    Они́ говоря́т по-англи́йски **хорошо́**.

d   _____?
    Мари́на говори́т по-англи́йски **пло́хо**.

e   _____?
    Джон говори́т по-ру́сски **пра́вильно**.

12 Use an adjective or an adverb. Ask questions about them. Вста́вьте пропу́щенные слова́ (прилага́тельное или наре́чие). Зада́йте вопро́сы к э́тим слова́м.

MODEL: Он _____ журнали́ст. | хоро́ший, хорошо́
             Он рабо́тает _____.

             Он **хоро́ший** журнали́ст. **Како́й** он журнали́ст?
             Он рабо́тает **хорошо́**. **Как** он рабо́тает?

a   Я ещё _____ говорю́ по-ру́сски. | плохо́й, пло́хо
    Он _____ инжене́р.

REVIEW 1

b Мы отдыхáем óчень _____. | интерéсный, интерéсно
Э́то _____ фильм.

c Марúна говорúт _____. | грóмкий, грóмко
Э́то óчень _____ мýзыка.

d Я говорю́ _____. | францýзский, по-францýзски
Э́то _____ ресторáн.

13 Answer the questions, using the pronouns given in brackets. Ответьте на вопросы, используя местоимения, данные в скобках.

   a О ком вы говорúте сейчáс? (он и онá)
   b О ком писáла Марúна в письмé? (онú)
   c О ком он мечтáет? (онá)
   d О ком онú говорúли? (ты и я)
   e О ком онá дýмает сейчáс? (мы)
   f О ком он читáет? (я и вы)

14 Answer the questions, using the words given in brackets. Ответьте на вопросы, используя слова, данные в скобках.

   a В какóм гóроде вы живёте? (большóй гóрод)
   b В какóм дóме вы живёте? (стáрый дом)
   c На какóм завóде рабóтает ваш друг? (мáленький завóд)
   d В какóй странé вы отдыхáете? (Нóвая Зелáндия)
   e О какóм теáтре вы говорúли? (хорóший америкáнский теáтр)

15 Make up questions to the following sentences. Write them down. Задайте вопросы к выделенным словам. Запишите их.

   MODEL: — _____?
   — Марúна мечтáет **об óтпуске**.
   — О чём онá мечтáет?

a — _____?
— Мы говорим **о Джо́не**.

b — _____?
— Ната́ша чита́ет **о поли́тике**.

c — _____?
— Они́ говоря́т **о Ло́ндоне**.

d — _____?
— Мы мечта́ем **о но́вом до́ме**.

e — _____?
— И́горь пи́шет **об эконо́мике**.

16 Answer the questions, using the names of the months. Отве́тьте на вопро́сы, испо́льзуя назва́ния ме́сяцев.

a Когда́ он обы́чно отдыха́ет в Аме́рике? (янва́рь, февра́ль и март)
b Когда́ они́ обы́чно отдыха́ют в А́нглии? (апре́ль, май и ию́нь)
c Когда́ она́ обы́чно отдыха́ет в Ита́лии? (ию́ль, а́вгуст и сентя́брь)
d Когда́ они́ обы́чно отдыха́ют в Росси́и? (октя́брь, ноя́брь и дека́брь)

17 Write out the numbers. Напиши́те сле́дующие чи́сла ци́фрами.

два́ -	2	де́вять -	___	де́сять -	___
девятна́дцать -	___	три -	___	семь -	___
семна́дцать -	___	двена́дцать -	___	четы́ре -	___
трина́дцать -	___	во́семь -	___	пять -	___
два́дцать -	___				

18 Translate into Russian. Переведи́те на ру́сский язы́к.

My name is Marina. I live and work in Moscow. I work at the big company Coca Cola. I'm a secretary. My work is difficult but very interesting. I speak very good English and my colleagues speak good Russian. My family lives in Minsk. I dream about big vacation. Usually my family rest in summer in Spain. We talk a lot about politics, economics, sport, and theatre. My birthday is in July, I dream about new computer.

19 Complete the dialogue. Восстановите диалог.

— Здра́вствуйте.

— _____.

— Извини́те, как вас зову́т?

— _____ Мари́на. А _____?

— Меня́ зову́т Джон. Вы студе́нтка?

— Да, я студе́нтка. Вы студе́нт?

— ____, я журнали́ст.

20 Answer the questions. Отве́тьте на вопро́сы.

a Вы говори́те по-ру́сски?
b Как вы говори́те по-ру́сски?
c Где вы живёте?
d Где вы рабо́таете?
e Что вы де́лаете сейча́с?
f О чём вы мечта́ете?

UNIT 5

PRESENTATION

T33　1　Read and listen. Читайте и слушайте.

— Извините, вы не знаете, где мои контракты?
— Excuse me, do you know where my contracts are?

— Вот ваш контракт.
— Here is your contract.

— А где ещё контракты?
— And where are the rest of the contracts?

— Я не знаю.
— I don't know.

Useful information

Russians often use the negative form вы не знаете (don't you know) in requests for information:
— Извините, вы не знаете, где контракты (метро, театр, etc.)?

T33　2　Listen and repeat. Слушайте и повторяйте.

Language notes

HOW TO MAKE PLURALS

If the noun (m. or f.) ends consonant (except Г, К, Х, Ж, Ш, Щ, Ч) add Ы. If it ends with one of these consonants + А, replace А with Ы.

SINGULAR	PLURAL	ENDING
магази́н [-]	магази́ны	[-] → ы
гости́ниц [а]	гости́ницы	[а] → ы

Plural of nouns ending Г, К, Х, Ж, Ш, Щ, Ч are followed by И (not Ы).

SINGULAR	PLURAL	ENDING
язы́к	языки́	к → и
кни́га	кни́ги	г → и
да́ча	да́чи	ч → и

Plural of neuter nouns.
Replace О with А and change the stress. Replace Е with Я.

SINGULAR	PLURAL	ENDING
письмо́	пи́сьма	о → а
упражне́ние	упражне́ния	е → я

Replace the Ь, Й or Я with И.

SINGULAR	PLURAL	ENDING
ночь	но́чи	ь → и
компа́ния	компа́нии	я → и
рубль	рубли́	ь → и
музе́й	музе́и	й → и

Exceptions:
дом — дома́
го́род — города́
стул — сту́лья
брат — бра́тья
друг — друзья́
челове́к — лю́ди
ребёнок — де́ти

3 Put the correct plural endings and translate. Поставьте существительные в форму множественного числа и переведите на английский язык.

MODEL: Институ́т → институ́ты → institutes

музе́й	теа́тр	компа́ния
фи́рма	у́лица	президе́нт
ма́рка	брат	страна́
ко́шка	заво́д	письмо́
челове́к	дом	стул

4 Look at the pictures and answer the question. Use the model. Рассмотрите рисунки и ответьте на вопрос, используя модель.

MODEL: — Что э́то?
— Э́то ру́чки.

Language notes

POSSESSIVE PRONOUNS

NOMINATIVE	MASCULINE	FEMININE	NEUTER	PLURAL
my / mine	мой	моя́	моё	мои́
your / yours	твой	твоя́	твоё	твои́
our / ours	наш	на́ша	на́ше	на́ши
your / yours	ваш	ва́ша	ва́ше	ва́ши

Э́то мой дом.　　　　　Где твой дом?
Э́то на́ша у́лица.　　　　Где моё письмо́?

his	его́	an indeclinable word (i.e. it has no other forms)
her	её	indecl.
its	его́	indecl.
their	их	indecl.

Э́то её фи́рма / брат / вино́.
Э́то его́ письмо́ / дом / кни́га.
Э́то их телегра́мма / посо́льство / телефо́н?

Whose is:

MASCULINE	FEMININE	NEUTER	PLURAL
Чей дом?	Чья кни́га?	Чьё письмо́?	Чьи докуме́нты?

Чей э́то дом? — Whose is this house?
Чья э́то кни́га? — Whose is this book?
Чьё э́то письмо́? — Whose is this letter?
Чьи э́то докуме́нты? — Whose are these documents?

5 Work in pairs. Answer the questions. Use the model. Рабо́тайте в пара́х. Отве́тьте на вопро́сы. Испо́льзуйте моде́ль.

MODEL:　— Э́то **ваш** институ́т?
　　　　　　— Да, **мой**.

— Это **ваша** улица?
— Да, _____

— Это **ваше** письмо?
— Да, _____

— Это **ваши** телеграммы?
— Да, _____

— Это **ваш** паспорт?
— Да, _____

6 Work in pairs. Answer the questions. Use the model. Работайте в парах. Ответьте на вопросы. Используйте модель.

MODEL: — Это **твоя** компания?
— Нет, это не **моя** компания.

a — Это **твой** банк?
— Нет, это не _____ банк.

b — Это **твоё** посольство?
— Нет, _____.

c — Это **твой** клиент?
— Нет, _____.

d — Это **твои** журналы?
— Нет, _____.

7 A Reconstruct the questions. Восстановите вопросы.

MODEL: — ___ это ручка?
— **Чья** это ручка?

a _____ это телеграмма?
b _____ это документы?
c _____ это паспорт?
d _____ это письмо?
e _____ это телефон?

B Answer the questions from exercise 7A. Ответьте на вопросы из упражнения 7А.

MODEL: — **Чья** это ручка?
— Это **моя** ручка. (Это его/её/их ручка. Это наша ручка. Это ваша ручка. Это твоя ручка.)

8 a Read the text. Прочитайте текст.

Это мой брат Игорь. Он живёт в Петербурге на Литейном проспекте. Он работает на автомобильном заводе. Он инженер. Это его машина. Она очень старая. А это его жена Марина и их дети — сын Петя и дочь Аня. Игорь мечтает о новой машине, Марина мечтает о новом телевизоре, а Петя и Аня мечтают о собаке. Они давно хотят собаку.

b How would Igor tell the same story? Как расскажет эту же историю Игорь?

c How would Marina tell the same story? Как расскажет эту же историю Марина?

d How would the kids tell the same story? Как расскажут эту же историю дети?

9 Ask questions. Use the model. Напишите вопросы к выделенным словам, используя модель.

MODEL: Он **хо́чет чита́ть**.
Что он **хо́чет де́лать**?

хоте́ть (1) + infinitiv	
я	хочу́ говори́ть
ты	хо́чешь отдыха́ть
он/она́	хо́чет писа́ть
мы	хоти́м чита́ть
вы	хоти́те рабо́тать
они́	хотя́т чита́ть

a Она́ **хо́чет писа́ть** письмо́.
_____

b Мы **хоти́м рабо́тать** в компа́нии «Ко́ка-Ко́ла».
_____

c Он **хо́чет чита́ть** журна́л.
_____

d Они́ **хотя́т говори́ть** о Москве́.
_____

COMMUNICATIVE PRACTICE

1 Look at the pictures and answer the questions. Use the model. Изучите рисунки и ответьте на вопросы, используя модель.

MODEL: — Э́то **его́** па́спорт?
— Нет, э́то **её** па́спорт.

a   Это **ваш** телефон?   b   Это **твой** контракт?

c   Это **их** письмо?   d   Это **наша** компания?

e   Это **ваш** президент?

2   Work in pairs. Study the pictures from exercise 1. Ask and answer questions. Use the model. Работайте в парах. Изучите рисунки из упражнения 1. Задайте друг другу вопросы и ответьте на них. Используйте модель.

MODEL: — Чей это дом?
           — Это его дом.

3 Insert the missing words. Вставьте пропущенные слова.

Это _____ семья. Это _____ сын Пётр, а это _____ жена Ирина. Это _____ мама, а это _____ мама. Мы живём в Москве.

Language notes

We use the following construction to ask questions about one's possession of something.

— У вас есть ручка?   (— Do you have a pen?)
— Да, у меня есть ручка.   (— Yes, I (do) have a pen.)

Кто? Who?	У кого есть (...)?		Who has (...)?	NOMINATIVE
я	у меня		I have	кошка
ты	у тебя		You have	брат
он	у него		He has	сестра
она	у неё	ЕСТЬ	She has	родители
мы	у нас		We have	телефон
вы	у вас		You have	дом
они	у них		They have	автомобиль

4 Construct the sentences. Use the model. Постройте предложения по образцу.

MODEL: _____ (я) книга.
У меня есть книга.

a _____ (он) дом.
b _____ (ты) газета.
c _____ (она) машина.
d _____ (мы) собака.
e _____ (вы) сестра.
f _____ (они) президент.

UNIT 5   109

5   Read and translate the dialogue. Прочитайте и переведите диалог.

знать (1)
я зна́Ю
ты зна́Ешь
они́ зна́ЮТ

— У вас есть сестра́?
— Да, у меня́ есть сестра́.
— Кто она́?
— Она́ журнали́ст.
— У неё есть де́ти?
— Да, у неё есть сын и дочь.
— А где она́ живёт?
— Она́ живёт в Петербу́рге.
— Вы не зна́ете, о чём она́ мечта́ет?
— Коне́чно, зна́ю. Она́ мечта́ет о но́вом телеви́зоре.

6   Compose dialogues. Give an affirmative answer. Use the model and the words below. Составьте диалоги, используя модель и данные слова. Дайте положитеьный ответ.

MODEL: — У тебя́ есть сигаре́ты?
               — Да, у меня́ есть сигаре́ты.

Зонт, катало́г, вре́мя, програ́мма, пробле́мы, бла́нки, вопро́сы, де́ти

Language notes

We use the following construction to convey the absence of an object (or a person):

     У меня́ нет + Gen.
     У меня́ нет бра́та.

Кто (Что) у вас **есть**? Who (What) do you have? Кто? Что? (Nom.)	Кого́ (Чего́) у вас **нет**? Who (What) do you haven? Кого́? Чего́? (Gen.)
У меня́ есть брат (Masc.)	У меня́ нет бра́та.
I have a brother.	I don't have a brother.
У меня́ есть сестра́ (Fem.)	У меня́ нет сестры́.
У меня́ есть письмо́ (Neut.)	У меня́ нет письма́.

7 Answer the questions. Use the model. Ответьте на вопросы, используя модель.

MODEL: A — У вас есть дом?
— Нет, у меня нет дома.

a У вас есть газета?

b У вас есть журнал?

c У вас есть ручка?

d У вас есть ключ?

e У вас есть собака?

f У вас есть кошка?

g У вас есть письмо?

h У вас есть каталог?

B — У тебя нет учебника?
— У меня есть учебник.

a У тебя нет карандаша?

b У тебя нет тетради?

c У тебя нет телефона?

d У тебя нет контракта?

e У тебя нет телеграммы?

f У тебя́ нет сувени́ра?

g У тебя́ нет сы́на?

h У тебя́ нет бра́та?

C — Вы не зна́ете, **у него́ есть** зонт?
— Нет, **у него́ нет** зонта́.

a Вы не зна́ете, у неё есть телефо́н?

b Вы не зна́ете, у них есть соба́ка?

c Вы не зна́ете, у него́ есть фотоаппара́т?

d Вы не зна́ете, у неё есть велосипе́д?

e Вы не зна́ете, у них есть журна́л?

f Вы не зна́ете, у него́ есть сы́н?

g Вы не зна́ете, у неё есть сестра́?

h Вы не зна́ете, у них есть телеви́зор?

8 Answer the questions. Отве́тьте на вопро́сы.

a У вас есть маши́на?
b У вас есть телеви́зор?
c У вас есть сестра́?
d У вас есть брат?
e У вас есть велосипе́д?

SKILLS WORK

Reading

1 Read the dialogues. Choose the correct picture. Прочитайте диалоги. Определите, какому рисунку они соответствуют.

a
— Это твоя семья?
— Да, это моя семья.
— Это твоя дочь?
— Нет, это моя жена.

b
— Это ваш паспорт?
— Нет, это его паспорт.
— А где ваш?
— Вот он.

c
— Это твой секретарь?
— Нет, это его секретарь.
— А где твой?
— На почте.

UNIT 5

Writing

1 Reconstruct the questions. Use **Чей? Чья? Чьё? Чьи?** Восстановите вопросы, используя **Чей? Чья? Чьё? Чьи?**

MODEL: — Это мой стол.
— Чей это стол?

a Это моё письмо.
_____

b Это его машина.
_____

c Это их дом.
_____

d Это ваши газеты.
_____

e Это его телефон.
_____

2 Answer the questions. Ответьте на вопросы.

a Вы не знаете, это его жена?
_____

b Вы не знаете, у него есть сестра?
_____

c Вы не знаете, у них есть урок?
_____

d Вы не знаете, чья это собака?
_____

e Вы не знаете, чей это учебник?
_____

TRANSFER

Work in pairs. Point to some objects and ask who they belong to. Работайте в парах. Укажите на разные предметы, которые вас окружают, спросите, кому они принадлежат.

MODEL: — Вы не знаете, чья это книга?
— Это моя (его, её, их, ваша, наша) книга.

EVERYDAY RUSSIAN

T34 **1** Listen, read, and repeat. Слушайте, читайте и повторяйте.

21	двадцать один	30	тридцать
22	двадцать два	31	тридцать один
23	двадцать три	40	сорок
24	двадцать четыре	50	пятьдесят
25	двадцать пять	60	шестьдесят
26	двадцать шесть	70	семьдесят
27	двадцать семь	80	восемьдесят
28	двадцать восемь	90	девяносто
29	двадцать девять	100	сто

T35 **2** Listen and tick (✓) the number you hear. Слушайте запись и отмечайте (✓) те числительные, которые вы услышите.

тринадцать	тридцать
четырнадцать	сорок
пятнадцать	пятьдесят
шестнадцать	шестьдесят
семнадцать	семьдесят
восемнадцать	восемьдесят
девятнадцать	девяносто

UNIT 5

T35 **3** Listen and write the numbers you hear. Прослушайте и запишите те числительные, которые вы услышите.

4 Test your partner. Write some numbers. Say them to your partner. Your partner writes them. Check the answers with your partner. Проверьте своего партнера. Запишите несколько цифр. Продиктуйте их партнеру, он должен записать их. Вместе проверьте его работу.

DRILL

1

SINGULAR	PLURAL	ENDING
магази́н [-]	магази́ны	[-] → ы
гости́ниц [а]	гости́ницы	[а] → ы

SINGULAR	PLURAL	ENDING
ночь	но́чи	ь → и
компа́ния	компа́нии	я → и
рубль	рубли́	ь → и
музе́й	музе́и	й → и

SINGULAR	PLURAL	ENDING
язы́к	языки́	к → и
кни́га	кни́ги	г → и
да́ча	да́чи	ч → и

SINGULAR	PLURAL	ENDING
письмо́	пи́сьма	о → а
упражне́ние	упражне́ния	е → я

2

NOMINATIVE	MASCULINE	FEMININE	NEUTER	PLURAL
my / mine	мой	моя́	моё	мои́
your / yours	твой	твоя́	твоё	твои́
our / ours	наш	на́ша	на́ше	на́ши
your / yours	ваш	ва́ша	ва́ше	ва́ши

his	его́	an indeclinable word (i.e. it has no other forms)
her	её	indecl.
its	его́	indecl.
their	их	indecl.

Whose is:

MASCULINE	FEMININE	NEUTER	PLURAL
Чей дом?	Чья кни́га?	Чьё письмо́?	Чьи докуме́нты?

3

Кто? Who?	У кого́ есть (...)?		Who has (...)?	NOMINATIVE
я	у меня́		I have	ко́шка
ты	у тебя́		You have	брат
он	у него́	ЕСТЬ	He has	сестра́
она́	у неё		She has	роди́тели
мы	у нас		We have	телефо́н
вы	у вас		You have	дом
они́	у них		They have	автомоби́ль

4

21	два́дцать оди́н	30	три́дцать
22	два́дцать два	31	три́дцать оди́н
23	два́дцать три	40	со́рок
24	два́дцать четы́ре	50	пятьдеся́т
25	два́дцать пять	60	шестьдеся́т
26	два́дцать шесть	70	се́мьдесят
27	два́дцать семь	80	во́семьдесят
28	два́дцать во́семь	90	девяно́сто
29	два́дцать де́вять	100	сто

VOCABULARY

автомобильный — car
брат — brother
ваш, ваша, ваше, ваши — your
велосипед — bicycle
вино — vine
восемьдесят — eighty
время — time
дача — country house, cabin
девяносто — ninety
дети — children
дочь — daughter
его — his
её — her
жена — wife
зонт — umbrella
знать — to know
их — their
карандаш — pencil
ключ — key
контракт — contract
кошка — cat
люди — people
мой, моя, моё, мои — my
наш, наша, наше, наши — our
посольство — embassy

программа — programme
пятьдесят — fifty
ребёнок — child
родители — parents
роман — novel
семьдесят — seventy
сигареты — cigarettes
сорок — forty
сто — hundred
сувенир — souvenir
сын — son
твой, твоя, твоё, твои — your
телевизор — television set
телеграмма — telegram
тетрадь — notebook
тридцать — thirty
урок — lesson, class
учебник — textbook
фотоаппарат — camera
чей, чья, чьё, чьи — whose
шестьдесят — sixty
хотеть — to want
человек — person
язык — language, tongue

UNIT 6

PRESENTATION

1 Work in pairs. Match the words and pictures. Работайте в парах. Определите, какое слово соответствует каждому рисунку.

Бана́ны, вино́, чай, ко́фе, ко́ка-ко́ла, мя́со, молоко́, сок, апельси́ны, пи́во, шокола́д, колбаса́, ры́ба

UNIT 6

2 Complete the table. Заполните таблицу.

Food / еда́	drink / напи́тки

T36 **3** Listen and check. Practise saying the words. Прослу́шайте за́пись и прове́рьте себя́. Потрениру́йтесь произноси́ть э́ти слова́ вслух.

T37 **4** Listen, read and repeat. Слу́шайте, чита́йте и повторя́йте.

люби́ть (2)

я	люблю́
ты	лю́бишь
они́	лю́бят

смотре́ть (2)

я	смотрю́
ты	смо́тришь
они́	смо́трят

понима́ть (1)

я	понима́ю
ты	понима́ешь
они́	понима́ют

ждать (1)

я	жду
ты	ждёшь
он/она́	ждёт
мы	ждём
вы	ждёте
они́	ждут

слу́шать (1)

я	слу́шаю
ты	слу́шаешь
они́	слу́шают

— Я люблю́ бана́ны. А ты лю́бишь бана́ны?

— I like bananas. And do you like bananas?

— Да, я люблю́ бана́ны. Я не люблю́ молоко́. А ты лю́бишь молоко́?

— Yes, I do like bananas. I don't like milk. And do you like milk?

— Нет, я то́же не люблю́ молоко́.

— No, I also don't like milk.

5 Read and write. Чита́йте и пиши́те.

a — Я люблю́ пи́во.

— Я _____ апельси́ны.

b — Я не люблю́ шокола́д.

— Я _____ ко́ка-ко́лу.

6 Write three things you like and three things you don't like. Tell your partner. Напишите три вещи, которые вы любите и три, которые не любите. Расскажите об этом партнеру.

Language notes

To convey the object towards which an action is directed we use the accusative case. English nouns do not change in the accusative ('She knows Moscow') and many Russian nouns do not change either. But those nouns (female or masculine) which end -a or -я, and masculine nouns denoting people and animals do have a special accusative ending:

1

SINGULAR	NOMINATIVE Кто? Who?	ACCUSATIVE Кого? Whom?	Кого? Whom?
MASCULINE	Это брат. Это Андрей. Это Пётр.	Я люблю брата. Вы знаете Андрея? Он ждёт Петра.	[-] → [а] [й] → [я]
FEMININE	Это сестра. Это Марина. Это Джулия.	Я люблю сестру. Вы знаете Марину? Они ждут Джулию.	[а] → [у] [я] → [ю]

2

SINGULAR	NOMINATIVE Что? What?	ACCUSATIVE Что? What?	Что? What?
MASCULINE	Это балет. Это чай. Это Петербург.	Я смотрю балет. Она любит чай. Он знает Петербург.	NOM. = ACC.
FEMININE	Это опера. Это рыба. Это Москва.	Я смотрю оперу. Он не любит рыбу. Они знают Москву.	[а] → [у]
NEUTER	Это молоко. Это упражнение.	Я люблю молоко. Я понимаю упражнение.	NOM. = ACC.

3

PLURAL	NOM. Что?	ACC. Что?	Что?
INANIMATE	Это фильмы, оперы, балеты, спектакли.	Я люблю фильмы, оперы, балеты, спектакли.	NOM. = ACC.
ANIMATE	Это инженеры, секретари и журналистки.	Я жду инженеров, секретарей, журналисток.	-ов -ей -ок

UNIT 6

T38   **7**   Read, listen, and repeat. Читайте, слушайте и повторяйте.

    a — Вы любите бананы?
         — Да, я люблю бананы.

    b — Вы ждёте сестру?
         — Нет, я жду друга.

8   Answer your teacher. Ответьте на вопросы преподавателя.

    a Вы хорошо понимаете преподавателя?
    b Вы понимаете друга, когда он говорит по-русски?
    c Вы любите оперу?
    d Вы слушаете новости по радио?
    e Вы смотрите футбол?

9   Work in pairs. Look at the following words. Ask and answer questions. Работайте в парах. Посмотрите на следующий список слов. Задайте друг другу вопросы.

MODEL: — Вы любите _____?
          — Да, я люблю _____.

или

          — Нет, я не люблю _____.

бананы, вино, чай, кофе, кока-кола, мясо, молоко, сок, апельсины, вода, пиво, шоколад

10   Read the text. Прочитайте текст.

Это моя семья. У меня есть мама, папа, брат и сестра. Мы живём в Москве, в центре, в старом доме.

Это моя мама Марина Ивановна. Она работает в школе и очень **любит читать** русские классические романы. Она много читает летом в отпуске.

любить + infinitiv

Это мой папа. Его зовут Виктор Петрович. Он работает на заводе. Он инженер. Мой папа **любит смотреть** американские фильмы. Он очень любит фильмы о спорте.

Это моя сестра. Её зовут Лена. Она студентка. Лена любит музыку. Она очень **любит слушать** итальянскую оперу в Большом театре.

Это мой брат Игорь. Он бизнесмен. У него есть жена и дети. Он живёт в Петербурге. Игорь очень **любит говорить** о политике.

А это я. Меня зовут Александр. Я журналист. У меня нет жены, но у меня есть подруга. Я **не люблю писать** письма и очень **не люблю ждать.**

Летом мы **любим отдыхать** в Испании.

11 Work in pairs. Ask the questions about the text. Работайте в парах. Задайте друг другу вопросы по тексту.

MODEL: — Что любит делать Виктор Петрович?
— Он любит смотреть американские фильмы.

12 Tell your partner, what do you like to do in winter, in summer, in spring, in autumn. Расскажите партнёру, что вы любите делать зимой, летом, осенью, весной.

COMMUNICATIVE PRACTICE

T39 **1** Read and listen. Читайте и слушайте.

Здравствуйте. Меня зовут Марина. Я живу в Москве и хорошо знаю Москву, её историю, улицы, проспекты, театры и музеи. Я работаю в университете. Я программист. Я очень люблю мою работу. Ещё я люблю театр. Я не люблю мясо, потому что я вегетарианка.

2 Read again and answer to the questions below. Прочитайте текст еще раз и ответьте на вопросы.

	Вопросы	Ответы
a	Как её зовут?	_____
b	Где она живёт?	_____
c	Что она хорошо знает?	_____
d	Где она работает?	_____
e	Кто она?	_____
f	Что она любит?	_____
g	Что она не любит?	_____
h	Почему она не любит мясо?	_____

3 Write down Marina's answers. Запишите ответы Марины.

T39 **4** Listen and check the answers. Прослушайте и проверьте свои ответы.

5 Work in pairs. Ask and answer questions about you. Работайте в парах. Задайте друг другу вопросы о себе.

SKILLS WORK

Reading

Language notes

The Accusative of Adjectives. Adjectives agree in gender, number, and case with the nouns to which they refer.

		MASCULINE Какой? Which? What (kind of)?	FEMININE Какая? Which? What (kind of)?	NEUTER Какое? Which? What (kind of)?	PLURAL Какие? Which? What (kind of)?
NOMINATIVE		новый дом	новая книга	новое письмо	новые книги
ACCUSATIVE	INANIMATE	Какой? жду новый журнал	Какую? жду новую книгу	Какое? жду новое письмо	Какие? жду новые книги
ACCUSATIVE	ANIMATE	жду нового директора	жду новую студентку		жду новых директоров, студенток

1 Read the dialogues. Choose the correct picture. Прочитайте диалоги. Определите, какому рисунку какой из них соответствует.

a — Вы читаете новый журнал?
— Нет, я читаю старый журнал.

b — Вы любите сладкие апельсины?
— Да, я люблю сладкие апельсины.

c — Вы пишете трудное упражнение?
— Нет, я пишу лёгкое упражнение.

d — Вы ждёте первое письмо?
— Да, я жду первое письмо.

e — Вы давно слушаете итальянскую оперу?
— Нет, я недавно слушаю итальянскую оперу.

f — Вы хорошо знаете старую Москву?
— Нет, я плохо знаю старую Москву.

UNIT 6   125

g — Вы хорошо́ понима́ете англи́йские фи́льмы?
  — Да, я хорошо́ понима́ю англи́йские фи́льмы.
h — Вы смо́трите америка́нский футбо́л?
  — Нет, я не смотрю́ америка́нский футбо́л.

2 Read the following questions and answers. Прочитайте следующие вопросы и ответы.

a — **Какой** журнал вы читаете?
— Я читаю **старый** журнал.

b — **Какие** апельсины он любит?
— Он любит **сладкие** апельсины.

c — **Какое** упражнение они пишут?
— Они пишут **трудное** упражнение.

d — **Какой** фильм вы смотрите?
— Мы смотрим **американский** фильм.

e — **Какую** книгу читает Марина?
— Марина читает **интересную** книгу.

f — **Какого** партнёра они ждут?
— Они ждут **нового** партнёра.

3 Read the sentences. Make up questions to the underlined words. Прочитайте предложения. Задайте вопросы к выделенным словам.

MODEL: — Он смотрит **американский** фильм.
— Какой фильм он смотрит?

a Игорь слушает **классическую** музыку.
_____

b Мы любим **русский** балет.
_____

c Я хорошо понимаю **английские** фильмы.
_____

d Она ждёт **первое** письмо.
_____

e Они не любят **нового** директора.
_____

UNIT 6

✏️ Writing

1 Answer the questions. Write down the answers. Ответьте на вопросы. Запишите свои ответы.

a Вы любите молоко?
_____

b Вы любите бананы?
_____

c Вы любите апельсиновый сок?
_____

d Вы любите итальянское вино?
_____

e Вы любите немецкое пиво?
_____

f Вы любите швейцарский шоколад?
_____

2 Construct the questions. Use the model. Задайте вопросы к выделенным словам. Используйте модель.

Какой? Какая?
Какое? Какие?

MODEL: Андрей любит **американские** фильмы.
— Какие фильмы любит Андрей?
— Американск**ие**.

a Марина читает **смешную** книгу.
b Я люблю **сладкое** вино.
c Я понимаю **английские** слова.
d Джон знает **хорошего** доктора.
e Он смотрит **интересный** фильм.
f Они пишут **трудное** упражнение.
g Мы ждём **нового** директора.
h Наташа слушает **итальянскую** оперу.

3 Answer the questions. Write down the answers. Ответьте на вопросы. Запишите свои ответы.

a Вы любите молоко?
b Вы любите бананы?
c Вы любите апельсиновый сок?
d Вы любите итальянское вино?
e Вы любите немецкое пиво?
f Вы любите швейцарский шоколад?

Language notes

THE ACCUSATIVE CASE OF PERSONAL PRONOUNS

SINGULAR	
NOMINATIVE Кто?	ACCUSATIVE Кого?
я	меня
ты	тебя
он	его
она	её
оно	его

PLURAL	
NOMINATIVE Кто?	ACCUSATIVE Кого?
мы	нас
вы	вас
они	их

4 Complete the sentences. Use the model. Закончите предложения по образцу.

MODEL: Друг всегда понимает (ты).
Друг всегда понимает **тебя**.

всегда — [ф]сегда

Друг всегда понимает (**я**). _____
Друг всегда понимает (**мы**). _____
Друг всегда понимает (**вы**). _____
Друг всегда понимает (**он**). _____
Друг всегда понимает (**она**). _____
Друг всегда понимает (**они**). _____

UNIT 6

5 Insert the missing pronouns. Use the model. Вставьте пропущенные местоимения, используя модель.

MODEL: Это Джон. Я люблю ____.
Это Джон. Я люблю **его**.

a Марина — мой новый секретарь. Я плохо знаю ____.
b У меня есть брат и сестра. Я люблю ____.
c Джон Смит — наш новый директор. Я хорошо знаю ____.
d Марина и Ирина — наши новые агенты. Я жду ____.

Speaking

Think about three things you like and three things you don't like. Tell your partner. Вспомните три вещи, которые вы любите и три, которые не любите. Расскажите об этом партнеру.

TRANSFER

Ask your teacher, what does he like. Узнайте, что любит ваш преподаватель.

Вы любите?..

теннис	**Да, он любит теннис.**
классическую музыку	
шоколад	
бананы	
молоко	

EVERYDAY RUSSIAN

Days of the week / Дни недели

T40 **1** Listen and repeat the days of the week. Слушайте и повторяйте за диктором названия дней недели.

НЕДЕ́ЛЯ
Како́й сего́дня день?

понеде́льник, вто́рник, среда́, четве́рг,
пя́тница, суббо́та, воскресе́нье

2 Translate them into your own language. Переведите названия дней недели на ваш родной язык.

3 Complete the puzzle with the days of the week. Разгадайте кроссворд с названиями дней недели.

КОГДА́?
в понеде́льник
во вто́рник
в сре́ду
в четве́рг
в пя́тницу
в суббо́ту
в воскресе́нье

4 Answer the questions. Ответьте на вопросы.

a Како́й сего́дня день?
b Когда́ вы рабо́таете?
c Когда́ вы не рабо́таете?
d Что вы де́лаете в воскресе́нье?

UNIT 6

DRILL

1a

SINGULAR	NOMINATIVE Кто? Who?	ACCUSATIVE Кого? Whom?	Кого? Whom?
MASCULINE	Это брат. Это Андрей. Это Пётр.	Я люблю брата. Вы знаете Андрея? Он ждёт Петра.	[-] → [а] [й] → [я]
FEMININE	Это сестра. Это Марина. Это Джулия.	Я люблю сестру. Вы знаете Марину? Они ждут Джулию.	[а] → [у] [я] → [ю]

1b

SINGULAR	NOMINATIVE Что? What?	ACCUSATIVE Что? What?	Что? What?
MASCULINE	Это балет. Это чай. Это Петербург.	Я смотрю балет. Она любит чай. Он знает Петербург.	NOM. = ACC.
FEMININE	Это опера. Это рыба. Это Москва.	Я смотрю оперу. Он не любит рыбу. Они знают Москву.	[а] → [у]
NEUTER	Это молоко. Это упражнение.	Я люблю молоко. Я понимаю упражнение.	NOM. = ACC.

1c

PLURAL	NOM. Что?	ACC. Что?	Что?
INANIMATE	Это фильмы, оперы, балеты, спектакли.	Я люблю фильмы, оперы, балеты, спектакли.	NOM. = ACC.
ANIMATE	Это инженеры, секретари и журналистки.	Я жду директоров, секретарей, журналисток.	-ов -ей -ок

2

		MASCULINE Какой? Which? What (kind of)?	FEMININE Какая? Which? What (kind of)?	NEUTER Какое? Which? What (kind of)?	PLURAL Какие? Which? What (kind of)?
	NOMINATIVE	новый дом	новая книга	новое письмо	новые книги
A C C U S A T I V E	INANIMATE	Какой? жду новый журнал	Какую? жду новую книгу	Какое? жду новое письмо	Какие? жду новые книги
	ANIMATE	жду нового директора	жду новую студентку		жду новых директоров, студенток

3

SINGULAR	
NOMINATIVE Кто?	ACCUSATIVE Кого?
я	меня
ты	тебя
он	его
она	её
оно	его

PLURAL	
NOMINATIVE Кто?	ACCUSATIVE Кого?
мы	нас
вы	вас
они́	их

4

НЕДЕ́ЛЯ
Како́й сего́дня день?

КОГДА́?

в понеде́льник
во вто́рник
в сре́ду
в четве́рг
в пя́тницу
в суббо́ту
в воскресе́нье

VOCABULARY

аге́нт — agent
апельси́н — orange
бале́т — ballet
бана́н — banana
бизнесме́н — businessmen
вегетариа́нка — vegetarian
вода́ — water
воскресе́нье — Sunday

вто́рник — Tuesday
давно́ — long time ago
де́вочка — girl
до́ктор — doctor
еда́ — food
ждать — to wait
же́нщина — women
исто́рия — history

классический — classical
кока-кола — Coca Cola
колбаса — sausage
кофе — coffee
любить — to like, to love
мальчик — boy
молоко — milk
мужчина — men
мясо — meet
напитки — drinks
немецкий — German
опера — opera
пиво — beer
подруга — girlfriend
понедельник — Monday

понимать — to understand
пятница — Friday
сладкий — sweet
слушать — to listen
смешной — funny
смотреть — to look, to watch
сок — juice
спектакль — performance
среда — Wednesday
суббота — Saturday
теннис — tennis
чай — tea
четверг — Thursday
швейцарский — Swiss
шоколад — chocolate

UNIT 7

PRESENTATION

T41 1 Listen, read and repeat. Слушайте, читайте и повторяйте.

— Что вы читáли вчерá?
— What did you read yesterday?

— Я читáл кнúгу.
— I read a book.

— Я читáла газéту.
— I read a newspaper.

— Мы читáли журнáлы.
— We read magazines.

Language notes   Up till now we have used only the present tense ('I'm writing', 'I write'). To talk about the past time we need the past tense — forms such as 'I wrote', 'I was writing'. Russian has only one past tense, and it's easy to form. Simply remove the -ть of the infinitive and replace it with ending -л.

Писáть   Джон писáл письмó (John wrote a letter.).
Быть   Джон был в бáнке (John was at the bank.).

UNIT 7

If the subject is feminine, you must add а to the л:	If the subject is neuter, add о to the л.	If the subject is plural, add и to the л.
↓	↓	↓
Мари́на чита́ла письмо́. (Marina read a letter.)	Письмо́ бы́ло хоро́шее. (The letter was interesting.)	Мари́на и Джон чита́ли детекти́в. (Marina and John read a crime story.)

It doesn't matter if the verb has an irregular stem in present tense; the past tense usually is regular.

SINGULAR Что де́лал (а)? What did you do?	PLURAL Что де́лали? What did you do?
я чита́л (m)/ я чита́ла (f)	мы чита́ли
ты чита́л (m)/ ты чита́ла (f)	вы чита́ли
он чита́л	они́ чита́ли
она́ чита́ла	

2 Conjugate the following verbs in the past tense. Use the table as the model. Соста́вьте свою́ табли́цу со сле́дующими глаго́лами в проше́дшем вре́мени.

Говори́ть, рабо́тать, жить, ду́мать, мечта́ть, писа́ть, ждать, знать, люби́ть, понима́ть, слу́шать, смотре́ть

3 Answer the questions. Use the model. Отве́тьте на вопро́сы, испо́льзуя моде́ль.

MODEL: — Джон чита́л журна́л? (газе́та)
— Нет, он чита́л газе́ту.

a   Марина писала письмо? (упражнение)
   _____

b   Они смотрели фильм? (футбол)
   _____

c   Она слушала джаз? (опера)
   _____

d   Он говорил по-русски? (по-английски)
   _____

e   Игорь и Наташа читали журнал? (книга)
   _____

f   Джон любил Наташу? (Марина)
   _____

g   Она мечтала о новом телевизоре? (машина)
   _____

h   Марина работала на заводе? (университет)
   _____

i   Джон думал о Наташе? (Марина)
   _____

j   Пётр ждал Игоря? (Наташа)
   _____

4   Answer the questions. Use the model. Ответьте на вопросы, используя модель.

MODEL: Вы писали? (**читать**)
           Нет, я читала.

Memorise

играть to play (**во что?**)

играть (1)

я	игра**ю**
ты	игра**ешь**
они	игра**ют**

в шахматы   **в** теннис   **в** футбол

UNIT 7   137

    a   Вы читáли? (**рабóтать**)

    b   Вы слýшали óперу? (**смотрéть телевúзор**)

    c   Вы игрáли в шáхматы? (**писáть пúсьма**)

    d   Вы смотрéли телевúзор? (**игрáть в тéннис**)

5   Answer the question: **What did you do yesterday evening?** Use the following information. Ответьте на вопрос: **Что вы дéлали вчерá вéчером?** Используйте словосочетания:

    слýшать óперу   **читáть газéты**

    рабóтать   **игрáть в шáхматы**

    смотрéть телевúзор

MODEL: — Что вы дéлали вчерá вéчером?
             — Вчерá вéчером **я слýшал óперу**.

6   Reconstruct the questions. Восстановите вопросы.

MODEL: — _____?   — Что вы **дéлали** ýтром?
             — Ýтром я **писáл** письмó.   — Ýтром я **писáл** письмó.

Когдá?
Вчерá
Ýтром
Днём
Вéчером

    a _____?
        Днём я **читáл** газéту.

    b _____?
        Вéчером Марúна **смотрéла** телевúзор.

    c _____?
        Вчерá он **слýшал** óперу.

    d _____?
        Днём онú **рабóтали**.

    e _____?
        Ýтром онá **ждалá** Андрéя.

за́втракать (1)	
\multicolumn{2}{c}{to have breakfast}
я	за́втракаЮ
ты	за́втракаеШЬ
они́	за́втракаЮТ

обе́дать (1)	
\multicolumn{2}{c}{to have dinner (lunch)}
я	обе́даЮ
ты	обе́даеШЬ
они́	обе́даЮТ

у́жинать (1)	
\multicolumn{2}{c}{to have supper}
я	у́жинаЮ
ты	у́жинаеШЬ
они́	у́жинаЮТ

7 Read what John does everyday. Then say what John did yesterday. Present → Past. Use the verbs in the Past. Прочита́йте, что Джон де́лает ка́ждый день и скажи́те, что он де́лал вчера́. Испо́льзуйте глаго́лы проше́дшего вре́мени.

Что я **де́лаю** ка́ждый день? У́тром я **за́втракаю** и **чита́ю** газе́ты. Пото́м я **рабо́таю**: **пишу́** пи́сьма, **чита́ю** докуме́нты. Днём я **обе́даю**. Ве́чером я **у́жинаю**, **смотрю́** телеви́зор и́ли **слу́шаю** ра́дио.

8 Write what John does everyday. Past → Present. Use the verbs in the Present. Напиши́те, что Джон де́лает ка́ждый день. Испо́льзуйте глаго́лы настоя́щего вре́мени.

Что я **де́лал** вчера́? У́тром я **за́втракал** и **чита́л** газе́ты. Пото́м я **писа́л** упражне́ния и **чита́л** те́ксты. Пото́м я **обе́дал** и **писа́л** пи́сьма. Ве́чером я **слу́шал** му́зыку.

9 Say what you do everyday and what you did yesterday. Расскажи́те, что вы де́лаете ка́ждый день, и что вы де́лали вчера́.

UNIT 7

10 Ask your partner what he does every day and what he did yesterday. Use the verbs below. Write down his answers. Спроси́те партнера, что он де́лает ка́ждый день, и что он де́лал вчера́. Запиши́те его́ отве́ты. Испо́льзуйте сле́дующие глаго́лы.

Рабо́тать, ду́мать, мечта́ть, за́втракать, обе́дать, у́жинать, писа́ть, ждать, слу́шать, смотре́ть, игра́ть

Ка́ждый день...	Вчера́...
чита́ет газе́ты	чита́л газе́ту

COMMUNICATIVE PRACTICE

1 Insert the missing verb **быть** in the Past tense. Напиши́те предложе́ния в проше́дшем вре́мени, испо́льзуя глаго́л **быть**.

КТО	+	БЫЛ (НЕ БЫЛ) БЫЛА́ (НЕ БЫЛА́) БЫ́ЛИ (НЕ БЫ́ЛИ)	+	ГДЕ

MODEL: Джон _____ в теа́тре.
Джон **был** в теа́тре.

a Андре́й _____ в кинотеа́тре.

b Ната́ша _____ в библиоте́ке.

c Джу́лия и Том _____ в посо́льстве.

d Кристи́на _____ в магази́не.

e И́горь и Мари́на _____ в ци́рке.

2 Read and translate the dialogues. Прочита́йте и переведи́те диало́ги.

a — Я давно́ жду вас. Где вы бы́ли?
— Я была́ в ба́нке.

b — Вы уже́ бы́ли в Большо́м теа́тре?
— Да, мы бы́ли в Большо́м теа́тре вчера́.
— А что вы смотре́ли?
— Мы слу́шали о́перу.

c — Вы уже́ бы́ли в Истори́ческом музе́е? Это о́чень интере́сный музе́й!
— Нет, мы ещё там не бы́ли.

UNIT 7

3 Answer the questions. Say where you have **already** been and where you have not been **yet**. Use the model. Ответьте на вопросы, используя модель. Скажите, где вы **уже** были, а где **ещё** не были.

MODEL: — Вы **уже** были в цирке?
— Да, я **уже** был в цирке. (Нет, я **ещё** не был в цирке.)

a   Вы уже́ бы́ли в Кремле́?
_____

b   Вы уже́ бы́ли на Кра́сной пло́щади?
_____

c   Вы уже́ бы́ли в Истори́ческом музе́е?
_____

d   Вы уже́ бы́ли в Большо́м теа́тре?
_____

e   Вы уже́ бы́ли в Третьяко́вской галере́е?
_____

f   Вы уже́ бы́ли в Ста́ром ци́рке?
_____

g   Вы уже́ бы́ли в па́рке «Соко́льники»?
_____

h   Вы уже́ бы́ли в гости́нице «Метропо́ль»?
_____

i   Вы уже́ бы́ли в рестора́не «Пра́га»?
_____

j   Вы уже́ бы́ли в моско́вском метро́?
_____

Language notes

When we talk about event we use the preposition на.

НА

| вы́ставке | ле́кции | заня́тиях | спекта́кле |
| обе́де | у́жине | конце́рте | презента́ции |

When we talk about place we use preposition в.

В

| музе́е | университе́те | теа́тре |
| о́фисе | рестора́не | клу́бе |

4 Extend the statements by stating the place or event. Расши́рьте предложе́ние, уточни́в ме́сто и́ли мероприя́тие.

MODEL: Она́ была́ **в** музе́е. (вы́ставка)
Она́ была́ **в** музе́е **на** вы́ставке.

a Он был **на** конце́рте. (теа́тр, консервато́рия, конце́ртный зал)
___

b Она́ была́ **в** университе́те. (ле́кция, заня́тия)
___

c Они́ бы́ли **в** теа́тре. (спекта́кль)
___

d Мы бы́ли **в** клу́бе. (презента́ция, обе́д, у́жин)
___

Useful information

How to find out the cause or reason:

— Почему́ ты никогда́ не чита́ешь росси́йские газе́ты?
(— Why don't you ever read Russian newspapers?)
— Потому́ что я не о́чень хорошо́ понима́ю по-ру́сски.
(— Я не чита́ю росси́йские газе́ты, потому́ что я не о́чень хорошо́ понима́ю по-ру́сски).
(— Because I don't understand Russian very well.
(— I don't read Russian newspapers, because I don't understand Russian very well.)).

5 Match a beginning of a phrase from left column with an ending from right column. Составьте предложения, используя левую и правую части таблицы.

1	Я не был на работе,	a	потому что он ещё плохо понимает по-русски.
2	Мой друг вчера был на футболе,	b	потому что она любит кино.
3	Джон не смотрит телевизор,	c	потому что она долго жила во Франции.
4	Моя сестра часто смотрит фильмы,	d	потому что я был в посольстве.
5	Марина хорошо говорит по-французски,	e	потому что он любит спорт.

6 Reconstruct the question. Восстановите вопрос.

MODEL: — _____?
— **Потому что** я был в театре.

— **Почему** вы не были в университете?
— **Потому что** я был в театре.

a — _____?
— Потому что я много лет жил в России.

b — _____?
— Потому что я люблю спорт.

c — _____?
— Потому что я ещё плохо понимаю по-русски.

7 Answer the question. Use the model. Ответьте на вопрос, используя модель.

MODEL: — Почему вы не были на работе?
— Я не был на работе, потому что я был болен.

был	бо́лен
	за́нят
была́	больна́
	занята́
бы́ли	больны́
	за́няты

a   Почему́ вы не бы́ли на экску́рсии?
    _____

b   Почему́ ваш колле́га не был на уро́ке?
    _____

c   Почему́ ваш друг не был в теа́тре?
    _____

d   Почему́ ваш партнёр не был на презента́ции?
    _____

SKILLS WORK

Listening

T42   **1**   Read and listen. Чита́йте и слу́шайте.

— Здра́вствуйте, Джу́лия. Како́й сюрпри́з!
— Здра́вствуйте, Андре́й. Где вы бы́ли? Я давно́ не ви́дела вас.
— Я был в Аме́рике.
— Что вы де́лали в Аме́рике? Вы ви́дели Джо́на?
— Я рабо́тал в университе́те два ме́сяца. Я ви́дел Джо́на и Майкла. Пото́м я был три дня в Ло́ндоне и ви́дел Джейн. У меня́ в Ло́ндоне есть друзья́, потому́ что я рабо́тал там в университе́те. А что вы де́лали?
— Я то́же была́ о́чень занята́. Я чита́ла по-ру́сски Че́хова, была́ в консервато́рии. А где ещё вы бы́ли в Аме́рике?
— Я был в Вашингто́не и в Сан-Франци́ско.

2   Complete the sentences. Зако́нчите предложе́ния.

a   — Здра́вствуйте, Джу́лия. Како́й _____!
    — Здра́вствуйте, Андре́й. Где вы _____? Я давно́ не ви́дела вас.

— Я _____ в Америке.
— Что вы _____ в Америке? Вы _____ Джона?
— Я _____ в университете два месяца. Я _____ Джона и Майкла. Потом я _____ три дня в Лондоне и _____ Джейн. У меня в Лондоне есть друзья, _____ я работал там в университете. А что вы _____?

b — Я тоже _____ очень _____. Я _____ по-русски Чехова, _____ в консерватории. А где ещё вы _____ в Америке?
— Я _____ в Вашингтоне и в Сан-Франциско.

T42 **3** Listen, check and repeat. Прослушайте диалог ещё раз, проверьте себя. Повторите его вслед за диктором.

Writing

1 Rewrite the sentences in the Past tense. Напишите данные предложения в прошедшем времени.

MODEL: Мой брат **пишет** письмо. Мой брат **пишет** письмо.
_____.   Мой брат **писал** письмо.

a На уроке мы **читаем** текст, **пишем** новые слова, **делаем** упражнения, **говорим** по-русски.
_____

b Вечером моя сестра смотрит телевизор, ужинает, читает газеты и журналы.
_____

c Дома я слушаю новости и пишу письма.
_____

d Я живу на улице Комарова.
_____

e Мы работаем в компании «Кока-Кола».
_____

f   Они ждут Виктора в Старом цирке.
_____

g   Он хорошо знает город.
_____

h   Она давно мечтает о новом телевизоре.
_____

i   Я очень люблю бананы.
_____

2 Read the sentences and guess where these people could be. Use the following information. Write down the answers. Напишите, где были эти люди, если вы знаете, что

Виктор смотрел **футбол**,
Марина смотрела новый **фильм**,
Джон и Ольга читали новые **журналы**,
Джейн смотрела **балет**.

MODEL: Джон слушал **оперу**. Джон был в **театре**.

кинотеатр, университет, библиотека, стадион

3 Match the questions and answers. Write them down. Составьте диалоги. Используйте вопросы и ответы из таблицы. Запишите их.

MODEL: — Почему Джон читает газету по-английски?
— Потому что он говорит по-английски.

изучать (1) to study	
я	изучаю
ты	изучаешь
они	изучают

1	Почему Лурдес читала Чехова по-испански?	a	Потому что он говорит по-арабски.
2	Почему Джейн знает французский язык?	b	Потому что она долго жила во Франции.
3	Почему Марина хорошо говорит по-немецки?	c	Потому что она говорит по-испански.
4	Почему Ахмед писал письмо по-арабски?	d	Потому что она изучала немецкий язык в школе.

UNIT 7

TRANSFER

1 Check the meaning of the words below with your teacher. Then use the model and ask your partner and complete the table with his answers(✓). Переведите следующие слова. Затем сформулируйте вопросы, используя модель, и заполните таблицу (✓), задав партнеру эти вопросы.

ВСЕГДА ОБЫЧНО ИНОГДА НИКОГДА (НЕ)

Note

никогда́ не

Я **никогда́ не** смотрю́ телеви́зор у́тром.

MODEL: — Вы смо́трите телеви́зор ве́чером?
— Да, я **всегда́/ обы́чно/иногда́** смотрю́ телеви́зор ве́чером.
или
— Нет, я **никогда́ не** смотрю́ телеви́зор ве́чером.

	ВСЕГДА́	ОБЫ́ЧНО	ИНОГДА́	НИКОГДА́
смотре́ть телеви́зор ве́чером	✓			
слу́шать о́перу в суббо́ту				
обе́дать в рестора́не				
игра́ть в ша́хматы				

2 Say what your partner does every day and what he did yesterday. Расскажите, что ваш партнер делает каждый день, что он делает всегда, иногда, и что он делал вчера.

EVERYDAY RUSSIAN

T43 **1** Read and listen. Читайте и слушайте.

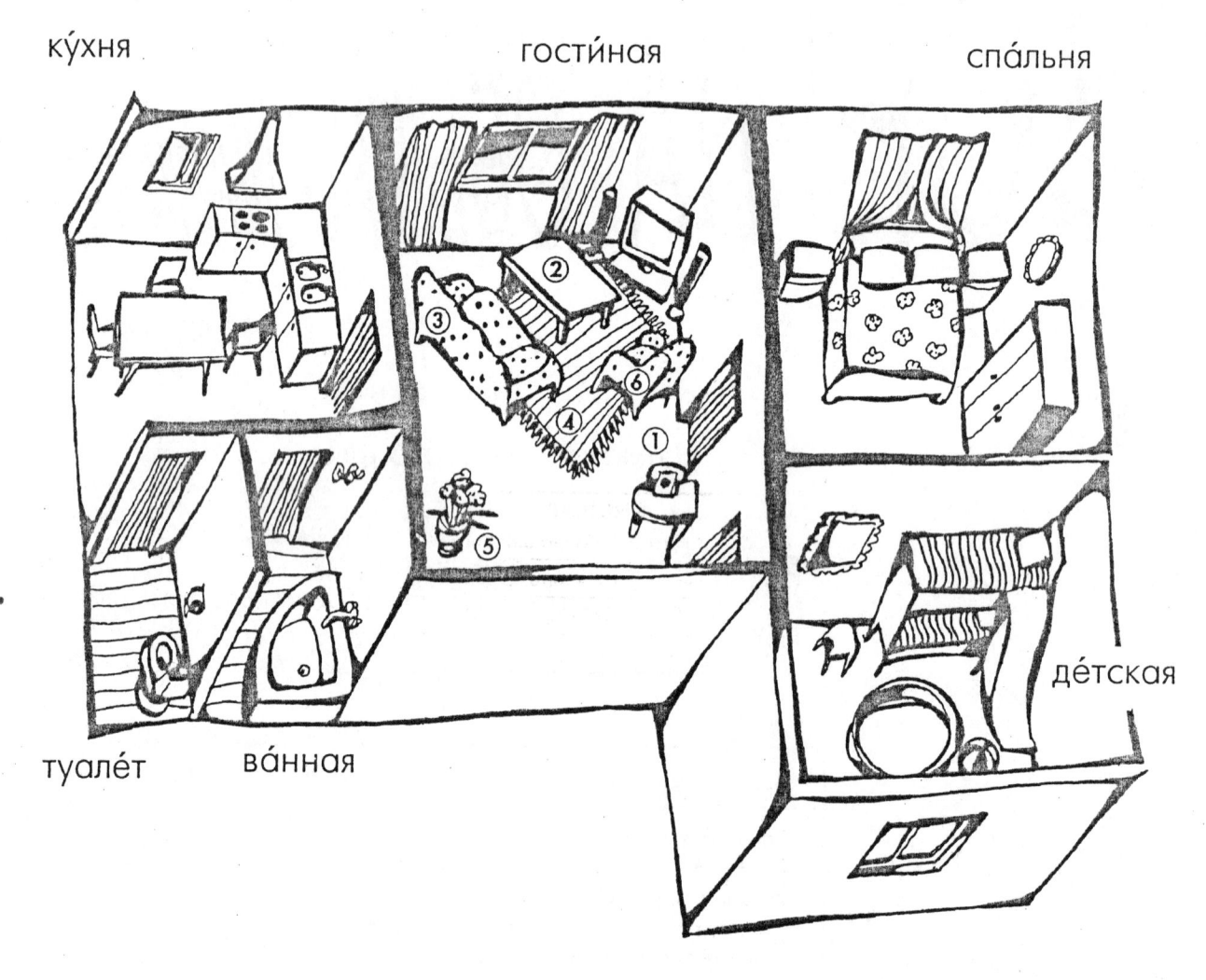

ку́хня гости́ная спа́льня

туале́т ва́нная де́тская

T43 **2** Listen and repeat. Слушайте и повторяйте.

UNIT 7

T43 🔲 **3** Listen and tick (✓) the words you hear. Слушайте и отмечайте те слова, которые вы услышали.

гостиная ✓	спальня	ванная
туалет	детская	кухня

4 Say the name of the room your teacher shows. Скажите, как называются комнаты, которые показывает преподаватель.

5 Match the objects to the words. Определите, каким предметам соответствуют эти слова.

телефон 1	диван	кресло
цветы	стол	ковер

DRILL

1

SINGULAR Что делал (а)? What did you do?	PLURAL Что делали? What did you do?
я читал (m)/ я читала (f)	мы читали
ты читал (m)/ ты читала (f)	вы читали
он читал	они читали
она читала	

2

Когда?
Вчера
Утром
Днём
Вечером

3

был	болен занят
была	больна занята
были	больны заняты

4   Всегда   Обычно   Иногда   Никогда (не)

VOCABULARY

библиотéка — library
был бóлен — was ill
был зáнят — was busy
быть — to be
вáнная — bathroom
вéчером — in the evening
вúдеть — to see
всегдá — always
вчерá — yesterday
вы́ставка — exhibition
галерéя — gallery
гостúная — living room
детектúв — crime story
дéтская — nursery
джаз — jazz
дивáн — sofa
днём — during the day
ещё — still, yet
зáвтракать — to have breakfast
зал — hall
игрáть — to play
изучáть — to study
úли — or
иногдá — sometimes
истори́ческий — historical
кинотеáтр — cinema
клуб — club

ковёр — carpet
консерватóрия — conservatory
концéрт — concert
концéртный — concert
Кремль — Kremlin
крéсло — chair
кýхня — kitchen
мéсяц — month
никогдá — never
обéд — dinner
обéдать — to have dinner
отлúчный — perfect
óфис — office
потóм — after, later
презентáция — presentation
спáльня — bedroom
стадиóн — stadium
сюрпрúз — surprise
там — there
туалéт — lavatory
ýжин — supper
ýжинать — to have supper
ýтром — in the morning
цветы́ — flowers
цирк — circus
шáхматы — chess
экскýрсия — excursion

UNIT 8

PRESENTATION

T44 **1** Read and listen. Читайте и слушайте.

— Доброе утро, Марина.
— Good morning, Marina.
— Доброе утро, Игорь.
— Good morning, Igor.
— Как дела?
— How are you?
— Спасибо, хорошо. А как у тебя?
— Thank you, I'm fine. And how are you?
— Хорошо. Что ты делала вчера?
— Good. What did you do yesterday?
— Вчера я писала письмо и читала детектив.
— I wrote a letter and read a crime story yesterday.
— Ты написала письмо?
— Have you written a letter?
— Нет, конечно, я не написала письмо, но я прочитала детектив!
— Of course not, I haven't written a letter, but I've read a crime story.

T44　2　Listen and repeat. Слушайте и повторяйте.

3　Answer your teacher. Ответьте на вопрос преподавателя.

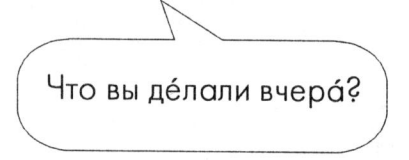

> Что вы делали вчера?

Language notes

ASPECTS OF VERBS

Russian verbs exist in pairs. For any given action there two verbs, each of which describes that action from a different point of view, or aspect. In form these verbs are either simple, for example читать, or compound, that is, often combined with a prefix, for example прочитать.

писать	to write	НАписать
смотреть	to look	ПОсмотреть
видеть	to see	Увидеть
делать	to do	Сделать

In each of the preceding pairs, the two verbs have the same basic meaning, but they differ in aspect. There are two aspects: imperfective and perfective.

THE IMPERFECTIVE ASPECT DENOTES (THE PAST TENSE)	THE PERFECTIVE ASPECT DENOTES (THE PAST TENSE)
1. The fact that action has taken place: — Что ты делал вчера? — Вчера я читал газеты.	An action is viewed as single and completed, often having a result: Вчера я написал письмо.
2. A prolonged action, an action viewed as a process: долго, недолго, весь день, один час Весь вечер он писал письмо.	Я прочитал интересную книгу.
3. A habitual or repeated action: всегда, часто, редко, иногда, обычно, каждый день (вечер, год, месяц) Вечером я всегда читал. Он часто писал письма.	●

Most simple verbs are imperfective and are paired with a compound verb (verb with a prefix) which does not differ in meaning, but only in aspect.

Я писа́л **письмо́**.
Я написа́л **письмо́**.

Он чита́л **кни́гу**.
Он прочита́л **кни́гу**.

Я де́лал **рабо́ту**.
Я сде́лал **рабо́ту**.

начина́ть (1)
нача́ть (1)

он	на́чал
она́	начала́
они́	на́чали

Besides pairs that consist of a simple imperfective and its compound perfective, there are other pairs where:

— the verbs are alike except for a difference in the stem,

конча́ть (1)
ко́нчить (1)

он	ко́нчил
она́	ко́нчила
они́	ко́нчили

IMPERFECTIVE	PERFECTIVE	●
понима́ть	поня́ть	to understand
реша́ть	реши́ть	to solve
конча́ть	ко́нчить	to finish
начина́ть	нача́ть	to begin

понима́ть (1)
поня́ть (1)

он	по́нял
она́	поняла́
они́	по́няли

— one verb is quite different from the other.

IMPERFECTIVE	PERFECTIVE	●
говори́ть	сказа́ть	to speak, to say

сказа́ть (1)

он	сказа́л
она́	сказа́ла
они́	сказа́ли

Both imperfective and perfective verbs have past tense forms.

Ле́том я мно́го чита́л.
Я прочита́л **три кни́ги**.

Only imperfective verbs have a present tense.

Я чита́ю **кни́гу**.
Он пи́шет **письмо́**.

The conjugation of perfectives follows exactly the same rules as for imperfectives.

4 Read the sentences. Note that imperfective verbs denote prolonged actions, whereas the perfective verbs denote completed actions. Also note the words of time which stress the prolonged character of the action. Write out the aspect pairs of verbs (in the infinitive). Прочитайте предложения. Обратите внимание на то, что глаголы несовершенного вида имеют значение длительного действия, в то время, как глаголы совершенного вида означают законченное действие. Кроме того, обратите внимание на слова, которые подчёркивают длительный характер или повторяемость действия. Выпишите видовые пары в инфинитиве.

писа́ть (imp.) / **написа́ть** (perf.)

MODEL: И́горь **до́лго писа́л** пи́сьма. Он **написа́л** пи́сьма и на́чал смотре́ть футбо́л.

a Ле́том я **ка́ждый ве́чер чита́л** газе́ты. Я **прочита́л** рома́н «Война́ и мир» то́лько **оди́н раз**.

b Мари́на **всегда́** до́лго **де́лает** упражне́ния. Но вчера́ она́ бы́стро **сде́лала** их.

c Джон **ре́дко смо́трит** ру́сские фи́льмы. Но вчера́ он **посмотре́л** о́чень хоро́ший фильм.

d **Иногда́** мы не **понима́ем** дире́ктора. Но вчера́ мы **по́няли** его́.

e **Обы́чно** я **пишу́** пи́сьма ве́чером. Но вчера́ я **написа́ла** письмо́ у́тром.

5 Read and translate the sentences. Write out the aspect pairs of verbs (in the infinitive). Прочитайте и переведите предложения. Выпишите видовые пары в инфинитиве.

MODEL: чита́ть (imp.) / прочита́ть (perf.)

a Вчера́ я **писа́л** письмо́.   Вчера́ я **написа́л** письмо́.

b   Мы **читáли** контрáкт.   Мы **прочитáли** контрáкт.

c   Студéнт **дéлал** упражнéние.   Студéнт **сдéлал** упражнéние.

d   Они́ **смотрéли** футбóл.   Они́ **посмотрéли** футбóл.

e   Джон **решáл** кроссвóрд.   Джон **реши́л** кроссвóрд.

Language notes

видеть (1) / увидеть (1)

он	увидел
она́	уви́дела
они́	уви́дели

спра́шивать (1) / спроси́ть (2)

он	спроси́л
она́	спроси́ла
они́	спроси́ли

отвеча́ть (1) / отве́тить (2)

он	отве́тил
она́	отве́тила
они́	отве́тили

More on verbs.

ви́деть(2)/уви́деть(2)	to see
спра́шивать(1)/спроси́ть(2)	to ask
отвеча́ть(1)/отве́тить(2)	to answer
реша́ть(1)/реши́ть(2)	to solve
за́втракать(1)/поза́втракать(1)	to have breakfast
обе́дать(1)/пообе́дать(1)	to have dinner
у́жинать(1)/поу́жинать(1)	to have supper

6 Complete the table as in the model with the verbs below in the Past tense. Образу́йте фо́рмы проше́дшего вре́мени от сле́дующих пар глаго́лов. Испо́льзуйте моде́ль.

MODEL: Past Imperfective   Past Perfective
он ви́дел   он уви́дел
она́ ви́дела   она́ уви́дела
они́ ви́дели   они́ уви́дели

спра́шивать(1) / спроси́ть(2)
отвеча́ть(1) / отве́тить(2)
реша́ть (1) / реши́ть (2)
за́втракать(1) / поза́втракать(1)
обе́дать(1) / пообе́дать(1)
у́жинать(1) / поу́жинать(1)
начина́ть (1) / нача́ть (1)
конча́ть (1) / ко́нчить(2)

7 Answer the questions. Use the model. Отве́тьте на вопро́сы, испо́льзуя моде́ль.

MODEL: A — Вы **всегда́** у́жинаете до́ма?
— Да, я **всегда́** у́жинаю до́ма.

a Вы **всегда́** смо́трите телеви́зор ве́чером?

b Вы **всегда́** обе́даете в рестора́не?

c Вы **всегда** пишете письма утром?

_____

d Вы **всегда** читаете днём?

_____

MODEL: **B** — Ты **часто** ужинаешь в кафе?
— Нет, я ужинаю в кафе **иногда**.

a Ты **часто** решаешь кроссворды?

_____

b Ты **часто** читаешь американские газеты?

_____

c Ты **часто** смотришь американские фильмы?

_____

d Ты **часто** пишешь письма?

_____

8 Answer the questions. Use the model. Ответьте на вопросы, используя модели.

MODEL: **A** — Он **прочитал** книгу?
— Да, он прочитал книгу.

B — Он часто **пишет** письма?
— Да, он часто **пишет** письма.

a Он часто читает книги?

_____

b Ты поужинала в кафе?

_____

c Ты всегда ужинаешь в кафе?

_____

d Они пообедали в университете?

_____

e Они всегда обедают в университете?

_____

f Она́ хорошо́ отве́тила на уро́ке?
_____

g Она́ всегда́ хорошо́ отвеча́ет?
_____

h Вы ви́дели но́вый францу́зский фильм?
_____

9 Answer the questions. Use the model. Отве́тьте на вопро́сы, испо́льзуя моде́ль.

MODEL: — Ты **чита́ешь** моё письмо́?
— Нет, я **уже́ прочита́л** его́.

a Ты пи́шешь письмо́?
b Ты за́втракаешь?
c Ты обе́даешь?
d Ты у́жинаешь?
e Ты смо́тришь но́вый фильм?
f Ты реша́ешь пробле́му?

10 Answer the questions. Use the model. Отве́тьте на вопро́сы, испо́льзуя моде́ль.

MODEL: — Почему́ вы не **пи́шете** упражне́ние?
— Я **уже́ написа́л** его́.

a Почему́ ты не **чита́ешь** письмо́?
_____

b Почему́ она́ не **за́втракает**?
_____

c Почему́ она́ не **обе́дает**?
_____

d Почему́ она́ не **у́жинает**?
_____

e Почему́ она́ не **реша́ет** пробле́му?
_____

f Почему́ вы не **смо́трите** фильм?

_____

COMMUNICATIVE PRACTICE

1 Insert the missing verb. Use the verb **писа́ть** or **написа́ть**. Вста́вьте пропу́щенный глаго́л **писа́ть** и́ли **написа́ть**.

— Что ты де́лал вчера́ ве́чером?
— Я _____ пи́сьма.
— Ты до́лго _____ пи́сьма?
— Да, я _____ пи́сьма час.
— Ты _____ пи́сьма о Москве́?
— Да, я _____ о Москве́. Я _____ три письма́.

2 Use the verb of the required aspect. Испо́льзуйте глаго́л соверше́нного и́ли несоверше́нного ви́да.

a **смотре́ть — посмотре́ть**

Вчера́ весь ве́чер мы _____ телеви́зор. Мы _____ фильм, но́вости и конце́рт.

b **чита́ть — прочита́ть**

Зимо́й я ка́ждое у́тро _____ газе́ты.

c **писа́ть — написа́ть**

Ты до́лго _____ письмо́?

d **за́втракать — поза́втракать**

Вы всегда́ _____ в кафе́?

e реша́ть — реши́ть

Мы _____ э́ти пробле́мы ка́ждый день. Вчера́ И́горь _____ их о́чень бы́стро.

Language notes

There are cases in which the complex sentences containing two imperfective verbs. Когда́ Ната́ша чита́ла письмо́, И́горь слу́шал о́перу. In this case imperfective verbs express *a simultaneous type* of actions. If there are two perfective verbs in the complex sentences it means *a consecutive type* of actions. Когда́ Джон пообе́дал, он прочита́л письмо́.

3 Complete the sentences. Зако́нчите предложе́ния.

MODEL: Когда́ он отдыха́л, он слу́шал му́зыку.

Когда́ он отдохну́л, он на́чал писа́ть письмо́.

a Когда́ Мари́на писа́ла письмо́,

_____.

Когда́ Мари́на написа́ла письмо́,

_____.

b Когда́ мы за́втракали,

_____.

Когда́ мы поза́втракали,

_____.

c Когда студенты читали текст,
_____.

Когда студенты прочитали текст,
_____.

d Когда я смотрела балет,
_____.

Когда я посмотрела балет,
_____.

e Когда я говорила о проблемах,
_____.

Когда я сказала о проблемах,
_____.

4 Use the verb of the required aspect. Используйте глагол совершенного или несовершенного вида.

a   писа́ть — написа́ть

Когда Марина _____ письмо, Игорь читал журнал.
Когда Марина _____ письмо, она поужинала.

b   чита́ть — прочита́ть

Когда Наташа _____ детектив, Джон писал письмо.
Когда Наташа _____ детектив, они пообедали.

c   за́втракать — поза́втракать

Когда я _____, я слушала радио.
Когда я _____, я посмотрела новый фильм.

Language notes

КОГДА?	В	оди́н	час
		два три четы́ре...	часа́
		пять шесть семь...	часо́в

5 Read the texts and compare them. Translate them into English. Прочитайте тексты и сравните их. Переведите тексты на английский язык.

Что я де́лала ка́ждый день ле́том?	Что я сде́лала вчера́?
Ле́том я ка́ждый день **за́втракала** в во́семь часо́в и **начина́ла** рабо́тать в де́вять часо́в. Я **писа́ла** пи́сьма, **отвеча́ла** на вопро́сы, **чита́ла** докуме́нты, **реша́ла** пробле́мы в о́фисе. Пото́м я **обе́дала** в час. В семь часо́в я **конча́ла** рабо́тать.	Вчера́ я **поза́втракала** в во́семь часо́в и **начала́** рабо́тать в де́вять часо́в. Я **написа́ла** пи́сьма, **отве́тила** на вопро́сы, **прочита́ла** докуме́нты, **реши́ла** пробле́мы в о́фисе. Пото́м я **пообе́дала**. В семь часо́в я **ко́нчила** рабо́тать.

6 Replace the imperfective verbs by perfective ones. Замените глаголы несовершенного вида глаголами совершенного вида, внесите необходимые изменения в предложения.

MODEL: Студе́нты **чита́ют** текст.
Студе́нты **прочита́ли** текст пра́вильно.

a Я **пишу́** пи́сьма ве́чером.
b У́тром я **за́втракаю** в де́вять часо́в.
c Днём я **реша́ю** пробле́мы в о́фисе.
d Я **де́лаю** упражне́ния ве́чером.
e У́тром обы́чно я **чита́ю** газе́ты.
f Я **смотрю́** телеви́зор днём.

7 Complete the dialogue. Insert the missing verbs. Use the verbs below. Восстановите диалог, используя следующие глаголы в форме прошедшего времени.

де́лать/сде́лать   чита́ть/прочита́ть

писа́ть/написа́ть   смотре́ть/посмотре́ть

— Что ты _____ в воскресе́нье ве́чером?

— Я _____ интере́сный журна́л, но я _____ не весь журна́л.

— Ты _____ его́ по-англи́йски?

— Нет, я _____ его́ по-ру́сски. А что ты _____ в воскресе́нье ве́чером?

— Я _____ письмо́ и _____ телеви́зор.

— Ты _____ письмо́?

— Нет, я _____ его́ весь ве́чер, но не _____, потому́ что фильм был о́чень интере́сный.

SKILLS WORK

Reading

1 Read the text. Choose the correct answer. Прочита́йте текст. Вы́берите пра́вильный вариа́нт отве́та.

Меня́ зову́т Джон. Ка́ждый день я **за́втракаю** в во́семь часо́в и **начина́ю** рабо́тать в де́вять часо́в. Иногда́ я **чита́ю** газе́ты и **пишу́** пи́сьма на рабо́те. Наш дире́ктор ча́сто **спра́шивает** меня́ о росси́йской эконо́мике и **про́сит** меня́ **смотре́ть** экономи́ческие но́вости, поэ́тому иногда́ я **смотрю́** телеви́зор на рабо́те. **Обе́даю** я в час. Пото́м я **реша́ю** пробле́мы в о́фисе, **чита́ю** контра́кты и катало́ги, **мечта́ю** об о́тпуске. В шесть часо́в я **конча́ю** рабо́тать. До́ма я ка́ждый ве́чер **слу́шаю** о́перу и **чита́ю** детекти́в.

	●	A	B	C
1	Когда́ Джон за́втракает?	в семь часо́в	в во́семь часо́в	в де́вять часо́в
2	Когда́ Джон начина́ет рабо́тать?	в три часа́	в де́вять часо́в	в шесть часо́в
3	Что Джон де́лает на рабо́те?	чита́ет детекти́в	у́жинает	чита́ет контра́кты и катало́ги
4	Джон пи́шет пи́сьма и чита́ет газе́ты на рабо́те	всегда́?	иногда́?	ча́сто?
5	Дире́ктор про́сит Джо́на смотре́ть экономи́ческие но́вости	всегда́?	иногда́?	ча́сто?
6	Когда́ он обе́дает?	в шесть часо́в	в час	в во́семь часо́в
7	Когда́ он конча́ет рабо́тать?	в шесть часо́в	в час	в три часа́
8	Что он делает ве́чером до́ма?	пи́шет пи́сьма	слу́шает о́перу	обе́дает

2 Read the text again. Then replace the imperfective verbs by perfective ones and say what John did yesterday. Прочита́йте текст ещё раз. Замени́те глаго́лы несоверше́нного ви́да глаго́лами соверше́нного ви́да и скажи́те, что Джон сде́лал вчера́. Внеси́те необходи́мые измене́ния в текст.

Writing

1 Write the following sentences in the present tense, using the following words: **ка́ждый день, ча́сто, всегда́, иногда́**. Change the aspect as necessary. Напиши́те сле́дующие предложе́ния в настоя́щем вре́мени, испо́льзуя слова́: **ка́ждый день, ча́сто, всегда́, иногда́**. Измени́те вид глаго́ла.

проси́ть (2)
попроси́ть (2)

я	прошу́
ты	про́сишь
они́	про́сят

MODEL: Я **написа́л** пи́сьма.
Я ка́ждый день **пишу́** пи́сьма.

a Я **поза́втракал** в кафе́.

b Джон **попроси́л** меня́ реши́ть пробле́мы в о́фисе.

c   Я сегодня **пообедала** в ресторане.
d   Он долго **читал** газету.
e   Я **написал** хорошее письмо.

2   Write out the sentences. Use the verb in the required aspect. Перепишите предложения. Используйте глаголы совершенного и несовершенного вида.

a   **читать — прочитать**

— Что вы делали вчера вечером?
— Я _____ книгу.
— Вы уже _____ её?
— Да, _____.

b   **писать — написать**

— Что делает Игорь?
— Он _____ письмо.

— Игорь, ты уже _____ письмо?
— Да, я уже _____ письмо.

c   **завтракать — позавтракать**

Я часто _____ в кафе. Вчера я _____ в Венском кафе.

Когда я _____, я начала читать газету.

d   **решать — решить**

Вчера весь вечер Марина _____ задачу. Она плохо знает математику, поэтому она её не _____.

e   **понимать — понять**

Мы ещё плохо _____ по-русски, но мы хорошо _____, что сказал директор.

TRANSFER

Write a reply to the following letter. Напишите ответ на следующее письмо.

> Здравствуй, Джулия!
> Как твои дела? У меня всё хорошо. Работаю в большом магазине. Я менеджер. Я много читаю и смотрю все новые фильмы. У меня есть собака. Её зовут Алиса. Она очень смешная. Где ты сейчас работаешь? Ты уже хорошо говоришь по-русски? Ты не знаешь, как дела у Джона? Зимой он работал в компании «Smirnoff». Думаю, у него очень интересная работа! Что ты сейчас читаешь? И почему не пишешь? Ты уже посмотрела новый фильм «Терминатор-13»?
> Жду ответа.
> Твоя Джейн.

EVERYDAY RUSSIAN

T45 1 Read and listen. Читайте и слушайте.

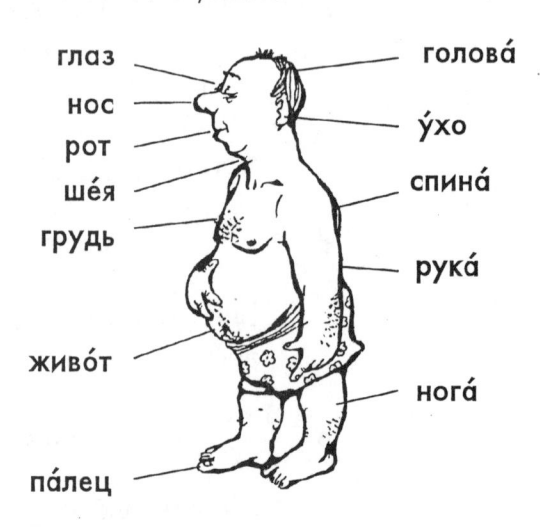

- глаз
- нос
- рот
- шея
- грудь
- живот
- палец
- голова
- ухо
- спина
- рука
- нога

T45 2 Listen and repeat. Слушайте и повторяйте.

3 Say the parts of the body your teacher shows. Назовите части тела, которые показывает преподаватель.

4 Work in pairs. Ask your partner the question below. Use the model. Работайте в парах. Задайте своему партнёру вопрос, используя модель.

MODEL: — Что у вас боли́т?
— У меня́ боли́т голова́.

у́хо, нос, ше́я, спина́, рука́, живо́т, нога́, па́лец

DRILL

1

Imperfective	Perfective	
писа́ть	написа́ть	to write
смотре́ть	посмотре́ть	to look
ви́деть	уви́деть	to see
де́лать	сде́лать	to do

Imperfective	Perfective	
начина́ть	нача́ть	to begin
конча́ть	ко́нчить	to end
понима́ть	поня́ть	to understand
реша́ть	реши́ть	to solve

реша́ть/реши́ть	to solve
за́втракать/поза́втракать	to have breakfast
обе́дать/пообе́дать	to have dinner
у́жинать/поу́жинать	to have supper
проси́ть/попроси́ть	to ask for
ви́деть/уви́деть	to see
спра́шивать/спроси́ть	to ask
отвеча́ть/отве́тить на вопро́с	to answer

2	КОГДА́?	в	оди́н	час
			два три четы́ре...	часа́
			пять шесть семь...	часо́в

VOCABULARY

боли́т: Что у вас боли́т? — What hurts?
весь — all
«Война́ и мир» — «War and peace»
глаз — eye
год — year
голова́ — head
грудь — chest
до́ма — at home
живо́т — stomach, belly
зада́ча — problem, sum, task
ка́ждый — every
конча́ть / ко́нчить — to end
кроссво́рд — crossword
матема́тика — mathematics
ме́неджер — manager
начина́ть / нача́ть — to start
недо́лго — not for a long
нога́ — leg, foot

нос — nose
отве́т — answer
отвеча́ть / отве́тить — to answer
па́лец — finger
поэ́тому — so, that's why
проси́ть / попроси́ть — to ask for
ре́дко — rare
реша́ть / реши́ть — to solve, to decide
рот — mouth
рука́ — arm
сказа́ть — to say
спина́ — back
спра́шивать / спроси́ть — to ask
у́хо — ear
час — hour
ча́сто — often
ше́я — neck

Review 2

1 Replace the singular by the plural. Замените единственное число множественным.

теа́тр	**теа́тры**
неде́ля	
компа́ния	
дом	
детекти́в	
го́род	
зада́ча	
нога́	
пробле́ма	
де́ло	
рука́	
библиоте́ка	
галере́я	
дива́н	
спекта́кль	
вино́	
ребёнок	
челове́к	

2 Do the exercise as shown in the model. Задайте вопросы к выделенным словам.

MODEL: Это мой **словарь**.
Чей это словарь?

a Это мой **апельсин**.
b Это моя **жена**.
c Это мой **город**.
d Это моё **дело**.
e Это твой **брат**.
f Это ваш **сын**.
g Это наша **преподавательница**.
h Это его **велосипед**.
i Это её **дети**.
j Это их **контракт**.

3 Use the required pronouns. Вставьте местоимения **мой, твой, наш, ваш, его, её, их** в нужной форме.

MODEL: У него есть журнал. Это _____ журнал.
Это **его** журнал.

a У меня есть друг. Это _____ друг.
b У нас есть сын. Это _____ сын.
c У неё есть семья. Это _____ семья.
d У них есть ребёнок. Это _____ ребёнок.
e У вас есть ключ? Это _____ ключ?
f У тебя есть машина? Это _____ машина?
g У него есть дети. Это _____ дети.
h У меня есть дочь. Это _____ дочь.
i У них есть дача. Это _____ дача.
j У неё есть брат. Это _____ брат.

REVIEW 2

4 Answer the questions in the negative. Дайте отрицательный ответ на следующие вопросы.

MODEL: — У него есть машина?
— Нет, у него нет машины.

a У вас есть телефон?
b У вас есть словарь?
c У тебя есть велосипед?
d У них есть фотоаппарат?
e У неё есть телевизор?
f У него есть лекция в понедельник?
g У вас есть офис в Москве?
h У нас есть последний каталог в офисе?
i У тебя есть сегодня презентация?
j У них есть в стране российское посольство?

5 Translate into Russian. Write down your translation. Письменно переведите на русский язык.

a Have you a car? _____
b Have you a sister? _____
c Has he a pen? _____
d Has she a newspaper? _____
e Has he a family? _____

6 Write out the numbers. Напишите следующие числа цифрами.

MODEL: двадцать один — *21*

двадцать — ____   тридцать один — ____
двадцать девять — ____ тридцать три — ____
тридцать — ____   сорок семь — ____

пятьдеся́т пять —	___	со́рок —	___
шестьдеся́т два —	___	пятьдеся́т —	___
се́мьдесят четы́ре —	___	шестьдеся́т —	___
во́семьдесят три —	___	се́мьдесят —	___
девяно́сто во́семь —	___	во́семьдесят —	___
сто —	___	девяно́сто —	___

7 Complete the sentences. Зако́нчите предложе́ния.

MODEL: Я ви́жу _____ (маши́на, велосипе́д, трамва́й)
Я ви́жу маши́ну, велосипе́д, трамва́й.

a Мы ви́дим _____.
(банк, по́чта, магази́н, кли́ника)

b Я люблю́ _____.
(молоко́, мя́со, сок, колбаса́)

c Я смотрю́ _____.
(спекта́кль, футбо́л, телеви́зор, кино́)

d Он слу́шает _____.
(о́пера, конце́рт, ра́дио)

e Я чита́ю _____.
(письмо́, газе́та, журна́л, рома́н)

f Они́ пи́шут _____.
(письмо́, упражне́ние, дикта́нт)

g Она́ ждёт _____.
(телегра́мма, сын, муж, о́тпуск)

8 Use the required pronouns. Замени́те существи́тельное местоиме́нием **он, она́, оно́** в ну́жном падеже́.

a У меня́ есть друг. Сейча́с я жду ____.

b — Где Мари́на?
— Я ви́дел ____ в библиоте́ке.

c Мои́ сёстры живу́т в Ки́еве. Я давно́ не ви́дела _____.

d   — Вы не зна́ете, где мой журна́л?
　　　— Я ви́дела ____ на столе́.

e   — Когда́ ты написа́л э́то письмо́?
　　　— Я написа́л ____ вчера́.

9   Answer the questions, using the words given on the right. Отве́тьте на вопро́сы, испо́льзуя слова́, да́нные спра́ва.

a	Како́й фильм вы смотре́ли?	но́вый америка́нский фильм
b	Каку́ю газе́ту вы чита́ете?	«Росси́йская газе́та»
c	Каку́ю о́перу вы лю́бите?	италья́нская о́пера
d	Кого́ вы жда́ли в о́фисе?	но́вый клие́нт
e	Кого́ вы не ви́дели в сре́ду?	англи́йский партнёр

10   Replace the present tense by the past. Напиши́те глаго́лы в фо́рме проше́дшего вре́мени.

MODEL: Я **жду** дру́га.
　　　　　Я **ждал** дру́га.

a   Я отдыха́ю в Ло́ндоне в декабре́.
b   Он обе́дает в рестора́не «Пра́га».
c   Мы смо́трим но́вый америка́нский фильм.
d   Они́ лю́бят италья́нскую о́перу.
e   Днём он рабо́тает, а ве́чером отдыха́ет.
f   Она́ слу́шает ра́дио, а он чита́ет журна́л.

11   Answer the questions, using the words given in brackets. Отве́тьте на вопро́сы, испо́льзуя слова́, да́нные в ско́бках.

a   **Что** слу́шают журнали́сты?
　　　(о́пера, но́вости, ле́кция, ра́дио, конце́рт, му́зыка)

b **Кого́** слу́шают журнали́сты?
(президе́нт, профе́ссор, преподава́тель, друг, секрета́рь, дире́ктор, студе́нтка)

c **Что** лю́бит Мари́на?
(фру́кты, спорт, ко́ка-ко́ла, шокола́д, ры́ба)

d **Кого́** лю́бит Мари́на?
(Бори́с, Джон, Андре́й, И́горь, ма́ма, па́па, брат, сестра́)

e **Что** ждёт И́горь?
(письмо́, контра́кт, телегра́мма, факс)

f **Кого́** ждёт И́горь?
(дире́ктор, журнали́стка, профе́ссор, инжене́р, секрета́рь)

g **Что** чита́ют студе́нты?
(газе́та, журна́л, письмо́, текст, рома́н, упражне́ние)

h **Кого́** вы хорошо́ зна́ете?
(Мари́на, преподава́тель, Анто́н, Ви́ктор, Ни́на, друг)

12 Make up questions to the sentences below. Зада́йте вопро́сы к вы́деленным слова́м.

a — _____?
— Они́ пи́шут **письмо́**.

b — _____?
— Он слу́шает **но́вости**.

c — _____?
— Мы ждём **дире́ктора**.

d — _____?
— Она́ лю́бит **теа́тр**.

e — _____?
— Мари́на смо́трит **но́вый америка́нский фильм**.

f — _____?
— Они́ хорошо́ понима́ют **преподава́теля**.

13 Complete the questions. Use the required prepositions. Answer the questions. Use the model. Закончите вопросы, раскрыв скобки. Вставьте необходимый предлог.

MODEL: — Вы уже́ бы́ли (Большо́й теа́тр)?
— Вы уже́ бы́ли в Большо́м теа́тре?

— Да, я уже́ был в Большо́м теа́тре.

или

— Нет, я ещё не был в Большо́м теа́тре.

a Вы уже́ бы́ли (Истори́ческий музе́й)?
b Вы уже́ бы́ли (вы́ставка)?
c Они́ уже́ бы́ли (университе́т)?
d Он уже́ был (о́фис)?
e Она́ уже́ была́ (ле́кция)?
f Они́ уже́ бы́ли (Ста́рый цирк)?

14 Match a beginning of a phrase from left column with an ending from wright column. Подбери́те окончание для каждой фразы. Составьте предложения, используя левую и правую части таблицы.

1. Я не был на вы́ставке,	a. потому́ что она́ ещё пло́хо понима́ет по-ру́сски.
2. Мой друг вчера́ не был на футбо́ле,	b. потому́ что был бо́лен.
3. Джу́лия не смо́трит телеви́зор,	c. потому́ что он был о́чень за́нят.
4. Моя́ сестра́ ча́сто игра́ет в те́ннис,	d. потому́ что он ча́сто говори́т по-ру́сски на рабо́те.
5. Джон хорошо́ говори́т по-ру́сски,	e. потому́ что она́ лю́бит спорт.

15 Use the verb of the required aspect. Вставьте пропущенный глагол нужного вида.

    a   **слу́шать — послу́шать**
          Вчера́ весь ве́чер мы _____ ра́дио.

    b   **писа́ть — написа́ть**
          Я _____ письмо́ весь ве́чер.

    c   **чита́ть — прочита́ть**
          Ты до́лго _____ э́ту кни́гу?

    d   **реша́ть — реши́ть**
          У́тром мы до́лго _____ зада́чи.
          Я _____ все зада́чи пра́вильно.

    e   **де́лать — сде́лать**
          Ве́чером я _____ упражне́ние. Когда́ я _____ упражне́ние, я на́чал писа́ть письмо́.

16 Replace the imperfective verbs by the perfective ones. Замените глаголы несовершенного вида глаголами совершенного вида.

MODEL: Профе́ссор **чита́ет** интере́сную ле́кцию.
           Профе́ссор **прочита́л** интере́сную ле́кцию.

    a   Я **за́втракаю** в це́нтре в кафе́.
    b   Он **слу́шал** о́перу в Большо́м теа́тре.
    c   Она́ **смотре́ла** бале́т в Петербу́рге.
    d   Они́ **писа́ли** письмо́ о Москве́.
    e   Мы **у́жинаем** в суббо́ту в ресторане «Метропо́ль».

17 Construct the six sentences. Use the words below. Придумайте шесть предложений, используя следующие слова.

ВСЕГДА́, ОБЫ́ЧНО, ЧА́СТО, ИНОГДА́, РЕ́ДКО, НИКОГДА́ (не)

REVIEW 2

18 Match the parts of the body listed below with the numbers from the diagram. The first one is done for you. Определите, как называются части тела, обозначенные номерами.

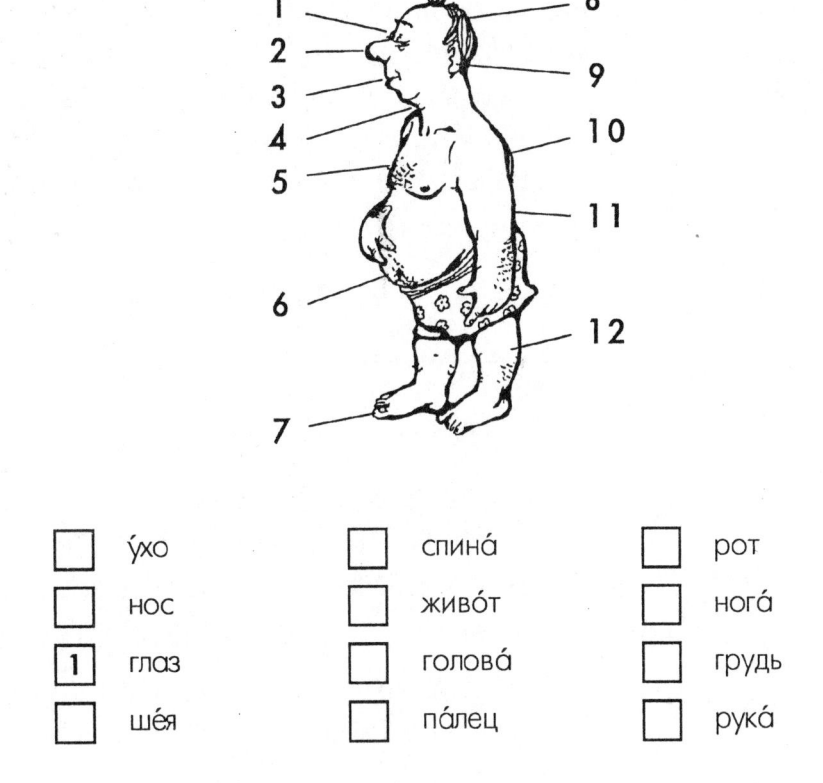

☐	ухо	☐	спина	☐	рот
☐	нос	☐	живот	☐	нога
[1]	глаз	☐	голова	☐	грудь
☐	шея	☐	палец	☐	рука

19 Translate into Russian. Переведите на русский язык.

I have a big family. I have a mother, a father, a brother and a sister. My farther works at a big new automobile plant. He is an engineer. His name is Victor Petrovich. He has a lot of of work and that is why he dreams about a big vacation in the summer. In the summer he always reads newsparers and magazines and watches television. So he rests.

My mother is a journalist. She works at the city newspaper. She loves her work at the newspaper very much and she never rests. Her name is Nina Ivanovna.

My sister is a student. Her name is Natasha. She really loves the theatre. Natasha lives in New York and dreams about Broadway.

My brother is a programmist. His name is Alexander. He works at a big company and really loves computers. Besides he loves sports. He dreams about a good sports car.

Alexander, mother and father live in Moscow. I see them only in the summer because I live in Kiev. My name is Boris. I'm a businessman. I have a small firm. We produce (do) computers. I like to read interesting books, watch good American movies and listen to classical music. I know classical music well. And I have a big music collection. I haven't seen Natasha for a long time because she lives far away. I dream about a vacation in New York.

20 Read and translate the dialogue. Прочитайте и переведите диалог.

— Приве́т, Майкл.
— До́брый день, Ната́ша.
— Как дела́?
— Спаси́бо, хорошо́. А как у тебя́?
— Хорошо́, спаси́бо. Что ты де́лаешь сейча́с?
— Я чита́ю интере́сный рома́н. А что ты де́лаешь сейча́с?
— Я ду́маю о Мари́не. Ты не зна́ешь, где она́?
— Она́ в Ло́ндоне. И́горь то́же в Ло́ндоне. Они́ отдыха́ют.
— У тебя́ есть их а́дрес и телефо́н в Ло́ндоне?
— У меня́ есть то́лько их телефо́н. Но у меня́ нет их а́дреса.
— Како́й телефо́н?
— Одну́ мину́ту... 445-76-98.
— Спаси́бо, Майкл.
— Пожа́луйста.

21 Complete the dialogue. Восстановите текст диалога.

— До́брое у́тро, Джу́лия.
— _____, И́горь.
— Как _____?

— Спаси́бо, хорошо́. А _____?
— Хорошо́. Что ты де́лала вчера́?
— Вчера́ я _____ письмо́ и _____ детекти́в.
— Ты _____ письмо́?
— Нет, коне́чно, я не написа́ла письмо́, но я _____ детекти́в!

22 Answer the questions. Отве́тьте на вопро́сы.

a У вас есть семья́?
b Где живёт ва́ша семья́?
c Как зову́т ва́шу ма́му?
d Где вы рабо́таете?
e Где вы рабо́тали зимо́й?
f Что вы лю́бите де́лать ле́том?
g Что вы де́лаете сейча́с?
h Что вы де́лали вчера́?
i Что вы сде́лали вчера́?
j Что лю́бит де́лать ва́ша семья́ в суббо́ту и в воскресе́нье?
k О чём вы мечта́ете?
l Вы лю́бите смотре́ть телеви́зор?
m Вы бы́ли в Большо́м теа́тре?

UNIT 9

PRESENTATION

T46　1　Read and listen. Читайте и слушайте.

— Наташа, что ты будешь делать сегодня вечером?
— Natasha, what will you be doing tonight?

— Я буду смотреть телевизор. А что ты будешь делать сегодня вечером?
— I'll be watching TV. And what you will be doing tonight?

— Мой телевизор не работает, поэтому я буду читать Чехова по-русски.
— My TV is broken, so I will read Chekhov in Russian.

T46　2　Listen and repeat. Слушайте и повторяйте.

Language notes

FUTURE OF IMPERFECTIVE VERBS

Just as быть has a past tense (был, была etc.), it also has a future:

я буду	I will be
ты будешь	you will be
он/она будет	he/she/it will be
мы будем	we will be
вы будете	you will be
они будут	they will be

Я бу́ду в Москве́ три дня. I'll be in Moscow for three days.
Ты бу́дешь на вы́ставке?
Вы бу́дете на обе́де?

In unit 8 we met the choice between the imperfective and the perfective in the past tense. There is also a choice to be made in the future. If you wish to show that an action or state in the future will be repeated or unfinished, you need the imperfective future. This verb form consists of the future of the verb быть 'to be' + *imperfective* infinitive. So Я бу́ду чита́ть means 'I'll be reading' or 'I'll read (without finishing or an indefinite number of times)'.

я бу́ду рабо́тать	I shall be working
ты бу́дешь рабо́тать	you will be working
он/она́ бу́дет рабо́тать	he/she/it will be working
мы бу́дем рабо́тать	we shall be working
вы бу́дете рабо́тать	you will be working
они́ бу́дут рабо́тать	they will be working

As mentioned above, this form is used for future unfinished and repeated actions and states. In other situations use the perfective future.

3 Conjugate the following verbs in the future tense. Use the table as the model (ex. 2). Подста́вьте в табли́цу (упр. 2) сле́дующие глаго́лы в бу́дущем вре́мени.

чита́ть, жить, де́лать, писа́ть, смотре́ть

слу́шать, ждать, игра́ть, за́втракать

4 Answer the questions. Use the model. Отве́тьте на вопро́сы, испо́льзуя моде́ль.

MODEL: — Джон **бу́дет чита́ть** журна́л?   (газе́та)
— Нет, он **бу́дет чита́ть** газе́ту.

a   Ната́ша **бу́дет писа́ть** письмо́? (упражне́ние)

_____

b   Вы **бу́дете смотре́ть** бале́т? (футбо́л)

_____

c   Они́ **бу́дут слу́шать** джаз? (о́пера)

_____

d Он **бу́дет игра́ть** в футбо́л? (те́ннис)

_____

e И́горь и Ири́на **бу́дут чита́ть** журна́л? (кни́га)

_____

f Андре́й **бу́дет за́втракать** в кафе́? (рестора́н)

_____

g Она́ **бу́дет спра́шивать** о но́вом телеви́зоре? (маши́на)

_____

h Мари́на **бу́дет рабо́тать** на заво́де? (университе́т)

_____

i Джон **бу́дет ду́мать** о Ло́ндоне? (Москва́)

_____

j Пётр **бу́дет ждать** Андре́я? (Ната́ша)

_____

5 Put the verbs in the future tense. Скажи́те о де́йствиях, кото́рые бу́дут происходи́ть за́втра.

MODEL: Мы у́жинаем.   Мы бу́дем у́жинать.

a Я обе́даю. _____
b Она́ отдыха́ет. _____
c Мы рабо́таем. _____
d Они́ слу́шают. _____
e Вы пи́шете. _____
f Он за́втракает. _____
g Мы говори́м. _____
h Они́ чита́ют. _____
i Вы игра́ете. _____
j Я отдыха́ю. _____

UNIT 9

6 Answer the questions. Use the model. Ответьте на вопросы, используя модель.

MODEL: — Что ты **бу́дешь де́лать** ве́чером? (чита́ть о Москве́)
— Ве́чером я **бу́ду чита́ть** о Москве́.

a Что вы **бу́дете де́лать** ве́чером? (**смотре́ть** телеви́зор)
_____

b Что они́ **бу́дут де́лать** ве́чером? (**игра́ть** в ша́хматы)
_____

c Что он **бу́дет де́лать** ве́чером? (**писа́ть** письмо́)
_____

d Что она́ **бу́дет де́лать** ве́чером? (**отдыха́ть** в па́рке)
_____

e Что мы **бу́дем де́лать** ве́чером? (**реша́ть** пробле́мы)
_____

7 Complete the sentences. Use the model. Измените предложения по образцу.

MODEL: — Ты _____ чита́ть газе́ты?
— Ты **бу́дешь чита́ть** газе́ты?

a Студе́нты _____ **игра́ть** в футбо́л?
b Ве́чером они́ _____ **смотре́ть** телеви́зор.
c За́втра мы _____ **писа́ть** дикта́нт.
d Мари́на то́же _____ **отдыха́ть** в Ло́ндоне?
e Джон _____ **говори́ть** по-ру́сски.

8 Answer the questions in the affirmative. Дайте утвердительный ответ на вопросы.

MODEL: — За́втра у нас **бу́дет** ле́кция?
— Да, за́втра у нас **бу́дет** ле́кция.

a За́втра у вас бу́дет уро́к?
b За́втра у тебя́ бу́дет встре́ча?

c Завтра у тебя будут гости?
d Завтра у него будет экскурсия?
e Завтра у них будет презентация?

Useful information

Какой сегодня день (недели)?	Когда?	
What day (of week) is it today? Nominative	*When? Accusative*	
понедельник	в понедельник	on Monday
вторник	во вторник	on Tuesday
среда	в среду	on Wednesday
четверг	в четверг	on Thursday
пятница	в пятницу	on Friday
суббота	в субботу	on Saturday
воскресенье	в воскресенье	on Sunday

9 Answer the questions, using the following words and phrases. Ответьте на вопросы, используя следующие слова и словосочетания.

Отдыхать
Слушать музыку
Читать газеты и журналы
Смотреть телевизор
Писать письмо
Играть в теннис
Играть в шахматы

a Что будет делать Марина в понедельник?
b Что будет делать Игорь во вторник?
c Что будут делать студенты в среду?
d Что они будут делать в четверг вечером?

UNIT 9

    e Что бу́дет де́лать Ната́ша в пя́тницу у́тром?
    f Что бу́дет де́лать Джон в суббо́ту?
    g Что вы бу́дете де́лать в воскресе́нье ве́чером?

Language notes

More on verbs:

учи́ть(2)/вы́учить(2)	(to learn)	Что?	Слова́, текст, уро́к.
повторя́ть(1)/повтори́ть(2)	(to repeat)	Что?	Слова́, текст, уро́к.

повторя́ть (1)
повтори́ть (2)

я	повторя́ю
ты	повторя́ешь
они́	повторя́ют

учи́ть (2)/вы́учить (2)

я	учу́
ты	у́чишь
они́	у́чат

10 Read the text, replacing the present tense by the future. Прочита́йте текст, замени́в настоя́щее вре́мя бу́дущим. Внеси́те в текст необходи́мые объясне́ния.

Днём я отдыха́ю, чита́ю газе́ты и журна́лы. Пото́м я де́лаю зада́ние: чита́ю текст, пишу́ упражне́ние, учу́ но́вые слова́, повторя́ю текст. Ве́чером я у́жинаю. Пото́м я смотрю́ телеви́зор, игра́ю в ша́хматы и́ли слу́шаю му́зыку.

Language notes

THE USE OF IMPERFECTIVE AND PERFECTIVE VERBS IN THE FUTURE TENSE

•	IMPERFECTIVE	PERFECTIVE
INFINITIVE	писа́ть — to write реша́ть — to solve	написа́ть реши́ть
THE PAST TENSE	Я писа́л (-а;-и) письмо́ Я реша́л (-а;-и) кроссво́рд Что ты де́лал(-а;-и)? What did you do?	Я написа́л (-а;-и) письмо́ Я реши́л (-а;-и) кроссво́рд Что ты сде́лал(-а;-и)? What have you done?
THE PRESENT TENSE	Я пишу́ письмо́ Я реша́ю кроссво́рд Что ты де́лаешь? What are you doing?	●
THE FUTURE TENSE	За́втра я бу́ду писа́ть письмо́. I'll be writing a letter tomorrow. За́втра я бу́ду реша́ть кроссво́рд. I'll be solving a crossword tomorrow. Что ты бу́дешь де́лать? What will you be doing?	За́втра я напишу́ письмо́. I'll finish this letter tomorrow. За́втра я решу́ кроссво́рд. I'll finish this crossword tomorrow. Что ты сде́лаешь? What will you do?

The conjugation of perfectives follows exactly the same rules as for imperfectives.

ДЕ́ЛАТЬ (1)	СДЕ́ЛАТЬ (1)
Present, Imp.	Future, Perf.
Я ДЕ́ЛАЮ	Я СДЕ́ЛАЮ
ТЫ ДЕ́ЛАЕШЬ	ТЫ СДЕ́ЛАЕШЬ
ОНИ ДЕ́ЛАЮТ	ОНИ СДЕ́ЛАЮТ
Я ГОВОРЮ́	Я СКАЖУ́
Я ПОВТОРЯ́Ю	Я ПОВТОРЮ́

The main thing to remember is that the present tense is always formed from the imperfective aspect.

Я пишу́. (Present, impf.)

Я напишу́. (Future, perf.)

11 Complete the table with the verbs below as in the model. Заполните таблицу по образцу, используя следующие глаголы.

учи́ть — вы́учить   чита́ть — прочита́ть

смотре́ть — посмотре́ть   обе́дать — пообе́дать

говори́ть — сказа́ть   повторя́ть — повтори́ть

●	IMPERFECTIVE	PERFECTIVE
INFINITIVE	писа́ть	написа́ть
THE PAST TENSE	я писа́л (-а;-и)	я написа́л (-а;-и)
THE PRESENT TENSE	я пишу́	●
THE FUTURE TENSE	я бу́ду писа́ть	я напишу́

12 Read and translate the sentences. Note the difference between the meanings of the imperfective and perfective verbs. Прочитайте предложения. Обратите внимание на разницу в употреблении глаголов совершенного и несовершенного вида в будущем времени. Переведите эти предложения на английский язык.

a   Сего́дня ве́чером Мари́на **бу́дет учи́ть** но́вые слова́. Я зна́ю, что она́ хорошо́ **вы́учит** их.

UNIT 9   187

b Завтра в офисе мы **будем решать** серьёзные проблемы. Я знаю, что мы **решим** их.

c Сейчас Игорь **будет читать** контракт. Думаю, он быстро **прочитает** его.

d Вечером мы **будем смотреть** телевизор. Мы **посмотрим** фильм и будем ужинать.

e Мы **поужинаем** и будем слушать музыку.

f Сейчас я **буду писать** письмо. Я **напишу** письмо и буду обедать.

COMMUNICATIVE PRACTICE

1 Read and translate the sentences. Прочитайте и переведите предложения.

готовить (1) / приготовить (2)	
я	(при)готовлю
ты	(при)готовишь
они	(при)готовят

a — Что ты **будешь делать** сегодня вечером?
— Я **буду готовить** обед.
— А что ты **будешь делать**, когда **приготовишь** обед?
— Когда я **приготовлю** обед, я **буду смотреть** телевизор.

b — Что ты **будешь делать** днём?
— Днём я **буду решать** проблемы на работе.
— Что ты **будешь делать**, когда **решишь** эти проблемы?
— Я буду **решать** другие проблемы.

2 Do the exercise as shown in the model. Сделайте это упражнение, используя следующую модель.

MODEL: Марина пишет письмо. Потом она будет готовить обед.
Когда Марина напишет письмо, она будет готовить обед.

a Игорь читает газету.
   Потом он будет завтракать.

b Наташа готовит обед.
   Потом она будет отдыхать.

c Майкл ужинает. Потом он будет слушать музыку.

d Игорь и Пётр смотрят телевизор. Потом они будут играть в шахматы.

играть (1)/сыграть (1)

я	сыграю
ты	сыграешь
они	сыграют

отвечать (1)/ответить (2)

я	отвечу
ты	ответишь
они	ответят

3 Replace the imperfective verbs by perfective ones. Замените глаголы несовершенного вида глаголами совершенного вида.

MODEL: Завтра в офисе мы **будем читать** контракт, а потом будем отвечать на вопросы.

Завтра в офисе мы прочитаем контракт, а потом **ответим** на вопросы.

UNIT 9   189

a Вечером я **буду писать** письмо, **смотреть** телевизор и **готовить** ужин.

b Завтра утром Андрей **будет писать** диктант, а потом он **будет читать** текст.

c Сегодня днём мы **будем смотреть** телевизор, а потом **будем готовить** обед.

d Завтра вечером мы **будем учить** новые слова, а потом **будем ужинать** в ресторане «Максим».

e Утром я **буду завтракать**, **читать** газету и **играть** в теннис.

4 Make up questions as shown in the model. Задайте вопросы, используя модель.

MODEL: Марина **читает** журнал.
Что будет делать Марина, когда **прочитает** журнал?

a Джон **учит** новые слова.
_____

b Наташа **пишет** письмо.
_____

c Мы **обедаем**.
_____

d Андрей **решает** кроссворд.
_____

e Он **ужинает**.
_____

f Ирина **готовит** обед.
_____

5 Make up questions and write them down. Use the model. Сформулируйте и запишите вопросы, используя модель.

MODEL: — Я **пишу** письмо.
— Что вы будете делать, когда **напишете** письмо?

a   Я **за́втракаю**.
    _____

b   Мы **пи́шем** дикта́нт.
    _____

c   Они́ **у́чат** но́вые слова́.
    _____

d   Мы **игра́ем** в ша́хматы.
    _____

e   Я **реша́ю** зада́чу.
    _____

6   Answer the questions from ex.5. Use the model. Отве́тьте на вопро́сы из упражне́ния 5. Испо́льзуйте моде́ль.

MODEL: — Что вы бу́дете де́лать, когда́ напи́шете письмо́? (гото́вить обе́д)
— Когда́ я напишу́ письмо́, я бу́ду гото́вить обе́д.

(смотре́ть телеви́зор)   (чита́ть детекти́в)

(слу́шать но́вости)   (у́жинать)   (игра́ть в те́ннис)

SKILLS WORK

Reading

1   Read the text. Answer the questions. Choose the correct answer. Прочита́йте текст. Отве́тьте на вопро́сы, вы́брав пра́вильный вариа́нт отве́та.

Меня́ зову́т Джу́лия. Сего́дня я поза́втракала в во́семь часо́в и начала́ рабо́тать в де́вять часо́в. На рабо́те я чита́ла газе́ты и писа́ла пи́сьма. Пото́м директор попросил меня посмотреть экономические новости, поэтому я смотрела телевизор на работе. Пообедала я в час. А потом целый вечер решала проблемы в офисе, читала контракты и каталоги, немного помечтала об отпуске. В шесть часов я кончила работать. Дома, когда я готовила ужин, я слушала радио. Потом я посмотрела новый фильм и прочитала детектив.

просить (2)
попросить (2)

я	(по)прошу
ты	(по)просишь
они	(по)просят

начинать (1)
начать (1)

я	начну
ты	начнёшь
они	начнут

кончать (1)
кончить (2)

я	кончу
ты	кончишь
они	кончат

	●	A	B	C
1	Как её зовут?	Марина	Наташа	(Джулия)
2	Когда она позавтракала?	в восемь часов	в девять часов	в час
3	Когда она начала работать?	в восемь часов	в девять часов	в час
4	Что она делала на работе?	писала письма	слушала радио	готовила ужин
5	Когда она пообедала?	в восемь часов	в девять часов	в час
6	Кто попросил её посмотреть экономические новости?	директор	инженер	клиент
7	Когда она кончила работать?	в шесть часов	в девять часов	в час
8	Что она делала дома, когда готовила ужин?	смотрела телевизор	слушала радио	мечтала об отпуске
9	Что она делала после ужина?	смотрела телевизор	писала письмо	читала контракты

2 Read the text again. Replace the past tense verbs by future tense ones. Прочитайте текст ещё раз. Замените глаголы в прошедшем времени глаголами в будущем времени.

Writing

1 Continue the sentences. Use the following words and phrases. Продолжите предложения. Используйте следующие слова и словосочетания:

обязательно — definitely
если (у меня) будет время — if (I'll) have time

MODEL: Я ещё не прочитала вашу книгу, но **обязательно** прочитаю.

a Марина ещё не приготовила завтрак, но...

b Я ещё не написала письмо, но...

c Джон ещё не посмотрел балет «Лебединое озеро», но...

d Наташа ещё не выучила новые слова, но...

e Игорь ещё не слушал новости, но...

f Таня ещё не решила проблему в офисе, но...

g Мы ещё не повторили новые слова, но...

h Он ещё не ответил на вопрос, но...

Speaking

1 Ask your partner what he will be doing tonight, tomorrow morning (afternoon, evening). Use the following words and phrases. Спросите партнёра, что он будет делать вечером, завтра утром (днём, вечером). Используйте следующие слова и словосочетания:

(сначала)   (потом)   (если у меня будет время)

MODEL: — Что вы будете делать вечером?
— **Сначала** я буду ужинать, **потом** буду учить новые слова, **если у меня будет время**, буду смотреть телевизор.

TRANSFER

Read the page from Jane's diary and say what events she already had, what events she will have, and what events she has right now. Today is Thursday. Прочитайте страничку из ежедневника Джейн и скажите, в каких мероприятиях она уже приняла участие, в каких ей предстоит принять участие, и что она делает сейчас. Вам известно, что сегодня четверг.

Понедельник	9.00 Уро́к ру́сского языка́ 11.00 Презента́ция фи́рмы 13.00 Обе́д	Четверг	9.00 Конфере́нция
Вторник	10.00 Экску́рсия в Кремль 18.00 У́жин	Пятница	9.00 Уро́к ру́сского языка́ 19.00 Бале́т «Жизе́ль»
Среда	9.00 Уро́к ру́сского языка́ 13.00 Обе́д в рестора́не «Пра́га»	Суббота	10.00 Те́ннис 20.00 Дискоте́ка
		Воскресенье	10.00 За́втрак в кафе́ 16.00 Фильм

EVERYDAY RUSSIAN

T47 **1** Read and listen. Чита́йте и слу́шайте.

T47 **2** Listen and repeat. Слу́шайте и повторя́йте.

T47 **3** Listen and tick (✓) the words you hear. Слу́шайте и отмеча́йте те слова́, кото́рые вы услы́шали.

стул, таре́лка, нож, ча́йник, плита́, ча́шка, стол, ви́лка, ло́жка

плита́ ✓	стол	стул
ча́шка	ло́жка	ви́лка
нож	таре́лка	ча́йник

4 Say the name of the things your teacher shows. Скажи́те, как называ́ются предме́ты, кото́рые пока́зывает преподава́тель.

5 Describe your kitchen. Use the model below. Опиши́те свою́ ку́хню. Испо́льзуйте моде́ль.

MODEL: У меня́ на ку́хне есть...
У меня́ на ку́хне нет...

DRILL

1

я бу́ду рабо́тать	I shall be working
ты бу́дешь рабо́тать	you will be working
он/она́ бу́дет рабо́тать	he/she/it will be working
мы бу́дем рабо́тать	we shall be working
вы бу́дете рабо́тать	you will be working
они́ бу́дут рабо́тать	they will be working

2 THE USE OF IMPERFECTIVE AND PERFECTIVE VERBS IN THE FUTURE TENSE

•	IMPERFECTIVE	PERFECTIVE
INFINITIVE	писа́ть — to write реша́ть — to solve	написа́ть реши́ть
THE PAST TENSE	Я писа́л (-а;-и) Я реша́л (-а;-и) Что ты де́лал(-а;-и)? What did you do?	Я написа́л (-а;-и) Я реши́л (-а;-и) Что ты сде́лал(-а;-и)? What have you done?
THE PRESENT TENSE	Я пишу́ Я реша́ю Что ты де́лаешь? What are you doing?	●
THE FUTURE TENSE	я бу́ду писа́ть я бу́ду реша́ть Что ты бу́дешь де́лать? What will you be doing?	я напишу́ я решу́ Что ты сде́лаешь? What will you do?

The main thing to remember is that the present tense is **always** formed from the imperfective aspect.

VOCABULARY

ви́лка — fork
встре́ча — meeting
гото́вить/пригото́вить — to prepare, to cook
дикта́нт — dictation
дискоте́ка — disco
друго́й — other
зада́ние — (home) work
конфере́нция — conference
«Лебеди́ное о́зеро» — «Swan lake»
ло́жка — spoon
нож — nife

обяза́тельно — definitely
плита́ — stove
повторя́ть/повтори́ть — to repeat
пото́м — then
ра́но — early
серьёзный — serious
снача́ла — first
таре́лка — plate
учи́ть/вы́учить — to learn
ча́йник — teapot, kettle
ча́шка — cup

UNIT 10

PRESENTATION

T48 **1** Read and listen. Читайте и слушайте.

— Дóбрый день.
— Good afternoon.

— Здрáвствуйте. Вы не знáете, чей э́то журнáл?
— Hello. Do you know whose magazine this is?

— Дýмаю, э́то журнáл Вѝктора. Он был здесь в срéду вéчером.
— I think this is Victor's magazine. He was here on Wednesday evening.

— А откýда он приéхал?
— And where did he come from?

— Он приéхал из Лóндона.
— He came from London.

— А чьи э́то докумéнты?
— And whose documents are these?

— Э́то докумéнты Марѝны. Онá забы́ла их здесь сегóдня ýтром.
— These are Marina's documents. She forgot them here this morning.

UNIT 10

— Вы не знáете áдрес Марины?
(— Do you know Marina's address?)

— Нет, я знáю тóлько её телефóн.
(— No, I don't. I only know her telephone number.)

T48 **2** Listen and repeat. Слушайте и повторяйте.

Language notes

THE GENITIVE DENOTING POSSESSION

One of the basic functions of the genitive case is to indicate the relationships expressed by the English preposition of. Ownership or possession is one of the most important of these relationships.

журнáл Виктора
докумéнты Марины
áдрес компáнии

Note:

отéц — отцá
мать — мáтери
дочь — дóчери

КТО? WHO? (NOMINATIVE)	ЧЕЙ ЭТО АДРЕС? WHOSE ADDRESS THIS IS?
брат (Masc.)	áдрес брáта
Игорь (Masc.)	áдрес Игоря
сестрá (Fem.)	áдрес сестры
студéнтка (Fem.)	áдрес студéнтки

3 Answer the questions, using the words given on the right. Ответьте на вопросы, используя слова, данные справа.

MODEL: — Чей это журнáл?
— Это журнáл Виктора. | Виктор

a Чья это чáшка? | сестрá
b Чьё это крéсло? | отéц
c Чей это стол? | журналистка
d Чьи это книги? | Марина
e Чья сестрá рабóтает в клинике? | Игорь
f Чьи дéти живýт в Лóндоне? | Джон
g Чей сын игрáет в футбóл? | Натáша
h Чья дочь лю́бит апельсины? | Áнна

Language notes

The GENITIVE SINGULAR of мой, твой, наш, ваш, этот, and adjectives.

MASCULINE		FEMININE		NEUTER	
Nom.	Gen.	Nom.	Gen.	Nom.	Gen.
Мой отец	Дом моего отца	Моя сестра	Адрес моей сестры	Моё письмо	Результат моего письма
Твой отец	Дом твоего отца	Твоя сестра	Адрес твоей сестры	Твоё письмо	Результат твоего письма
Наш отец	Дом нашего отца	Наша сестра	Адрес нашей сестры	Наше письмо	Результат нашего письма
Ваш отец	Дом вашего отца	Ваша сестра	Адрес вашей сестры	Ваше письмо	Автор вашего письма
Этот большой дом	Адрес этого большого дома	Эта большая книга	Автор этой большой книги	Это большое письмо	Автор этого большого письма

4 Complete the sentences, using the words given on the right. Закончите предложения, используя слова, данные справа.

MODEL: Это стол _____. | моя сестра
Это стол мо**ей** сестр**ы**.

a Это комната _____. | мой брат
b Это телевизор _____. | моя мама
c Это велосипед _____. | мой друг
d Это автомобиль _____. | наш новый клиент
e Это фотоаппарат _____. | наша преподавательница
f Это собака _____. | моя сестра
g Это зонт _____. | мой отец

UNIT 10

5 Ask questions and answer them. Задайте вопросы по рисункам и дайте на них ответы.

Моя сестра Марина [чашка]

MODEL: — Чья это чашка?
— Это чашка мо**ей** сестр**ы** Марины.

Мой брат Андрей [зонт]

Мой отец [велосипед]

Наш новый учитель [машина]

Моя сестра Наташа [собака]

Наш старый дедушка [кресло]

Наша мама [фотоаппарат]

6 Answer the questions, using the words given on the right. Ответьте на вопросы, используя слова, данные справа.

MODEL: — Это твой журнал? | **моя мама**
— Нет, это журнал **моей мамы**. |

a	Это твои книги?	**моя сестра**
b	Это ваши документы?	**мой партнёр**
c	Это ваш фотоаппарат?	**мой отец**
d	Это ваш велосипед?	**мой брат**
e	Это твой зонт?	**наш клиент**

7 Make up sentences, as in the model. Составьте предложения по образцу.

MODEL: Москва́ — Росси́я
Москва́ — столи́ца Росси́и.

a Пари́ж — Фра́нция
b Берли́н — Герма́ния
c Ло́ндон — А́нглия
d Рим — Ита́лия
e Вашингто́н — Аме́рика
f Хано́й — Вьетна́м
g То́кио — Япо́ния
h Пеки́н — Кита́й
i Со́фия — Болга́рия
j Варша́ва — По́льша

Language notes

THE GENITIVE PLURAL

Кто? Что? (NOMINATIVE SINGULAR)		Кого́? Чего́? (GENITIVE PLURAL) мно́го, ма́ло не́сколько, ско́лько
MASCULINE	студе́нт автомоби́ль	мно́го студе́нтов ма́ло автомоби́лей
FEMININE	кни́га	не́сколько книг
NEUTER	сло́во	ско́лько слов

The verb in the past tense is used in the neuter gender in sentences containing the word мно́го, ма́ло, ско́лько or не́сколько.

Ско́лько студе́нтов бы́ло вчера́ на уро́ке?

8 a Read and translate the text. Прочита́йте и переведи́те текст.

Неда́вно я был в Ки́еве. Ты зна́ешь, что Ки́ев — столи́ца Украи́ны? Замеча́тельный го́род! Ско́лько там краси́вых у́лиц и проспе́ктов! Там мно́го музе́ев, теа́тров, гости́ниц, рестора́нов. Ки́ев о́чень зелёный го́род. Там мно́го цвето́в. В це́нтре го́рода ма́ло маши́н. Е́сли у меня́ бу́дет вре́мя, я обяза́тельно прочита́ю кни́гу об исто́рии Ки́ева.

b Where you're been recently? Tell about this city. В како́м го́роде вы бы́ли неда́вно? Расскажи́те о нём.

UNIT 10

9 Complete the sentences, using the words given in brackets. Закончите предложения, используя слова, данные в скобках.

MODEL: В нашем городе **много** (театры, музеи, гостиницы, рестораны).
В нашем городе **много** теа́тр**ов**, музе́**ев**, гости́**ниц**, рестора́н**ов**.

получа́ть (1) получи́ть (2)	
я	получу́
ты	полу́чишь
они́	полу́чат

a В го́роде **мно́го** (авто́бусы, тролле́йбусы, маши́ны).
_____

b В компа́нии рабо́тает **мно́го** (программи́сты, инжене́ры, ме́неджеры).
_____

c На обе́де бы́ло **мно́го** (клие́нты и партнёры).
_____

d На презента́ции бы́ло **ма́ло** (журнали́сты) и **мно́го** (студе́нты).
_____

e В э́том ме́сяце Ната́ша получи́ла **не́сколько** (телегра́мма, письмо́, журна́л).
_____

10 Complete the sentences. Закончите предложения.

a В Москве́ мно́го _____ .
b В Ло́ндоне мно́го _____ .
c В Аме́рике мно́го _____ .
d В Росси́и мно́го _____ .
e В Москве́ ма́ло _____ .

COMMUNICATIVE PRACTICE

Memorise

1 (один, одна, одно)	2 (два, две), 3, 4	5 — 20
год	года	лет
час	часа	часов
минута	минуты	минут
раз	раза	раз
человек	человека	человек
окно	окна	окон
рубль	рубля	рублей

1 Answer the questions. Ответьте на вопросы.

MODEL: — Сколько лет вы работаете в компании? (3)
— Я работаю в компании три года.

a Сколько раз вы были в Москве? (2)
b Сколько лет ваша семья живёт в этом городе? (6)
c Сколько человек работает в вашей компании? (11)
d Сколько часов вы уже ждёте его? (1)

Language notes

GENITIVE WITH THE PREPOSITION из

из — out of, from

туристы	из Канады	Канад[А] → из Канад[Ы]
	из Америки	Америк[А] → из Америк[И]
	из Алжира	Алжир[—] → из Алжир[А]
	из Японии	Япон[ИЯ] → из Япон[ИИ]

Откуда туристы?   Where are the tourists from?
Туристы из Америки.   Tourists are from America.

UNIT 10

2 Complete the centences. Закончите предложения.

MODEL: Клиéнт **из** (Áнглия).
Клиéнт **из** Áнгли**и**.

a Студéнты **из** (Áфрик**а**). _____
b Партнёр **из** (Швéция). _____
c Джон **из** (Нóвая Зелáнд**ия**). _____
d Ахмéд **из** (Тунис). _____
e Джулия **из** (Венесуэл**а**). _____
f Мария **из** (Мéксик**а**). _____

3 Answer the questions. Use the model. Ответьте на вопросы, используя модель.

MODEL: — Откýда эти студéнты? (Вéнгрия)
— Эти студéнты **из** Вéнгр**ии**.

a **Откýда** этот клиéнт? (Фрáнц**ия**)
_____

b **Откýда** Вáнда? (Пóльш**а**)
_____

c **Откýда** Пётр? (Чéх**ия**)
_____

d **Откýда** Софúя? (Болгáр**ия**)
_____

e **Откýда** Ван? (Вьетнáм)
_____

f **Откýда** Лючúя? (Итáл**ия**)
_____

Useful information

Приéхать из —   to come (ride) from   Прийти из —   to come (not to ride) from

Past   Past
Он приéхал   Он пришёл
Онá приéхала   Онá пришлá
Они приéхали   Они пришли

Future	Future
Я прие́ду	Я приду́
Ты прие́дешь	Ты придёшь
Они́ прие́дут	Они́ приду́т

4 Answer the questions. Use the model. Ответьте на вопросы, используя модель.

MODEL: — Отку́да вы прие́хали?   (Росси́я)
— Я прие́хал **из** Росси́и.

a **Отку́да прие́хала** Мари́я?   (Испа́ния)

_____

b **Отку́да прие́хали** студе́нты?   (университе́т)

_____

c **Отку́да прие́хал** И́штван?   (Будапе́шт)

_____

d **Отку́да прие́хали** го́сти?   (Ки́ев)

_____

e **Отку́да прие́хал** ваш партнёр?   (банк)

_____

5 Make up questions to the following answers. Зада́йте вопро́сы, испо́льзуя моде́ль.

MODEL: — Я прие́хал из Росси́и.
— Отку́да вы прие́хали?

a Он прие́хал из Аме́рики.

_____

b Вы пришли́ из рестора́на.

_____

c Она́ прие́хала из Пари́жа.

_____

d Я пришла́ из теа́тра.

_____

e Они приехали из магазина.
_____

f Он пришёл из консерватории.
_____

6 Do the exercise as shown in the model. Измените предложения, используя модель.

MODEL: Мы **были** в ресторане.
Мы **приехали** из ресторана.

a Они **были** в клубе.
_____

b Директор **был** в банке.
_____

c Студенты **были** в библиотеке.
_____

d Они **были** в театре.
_____

e Туристы **были** в цирке.
_____

7 Make up questions to the following answers. Задайте вопросы к выделенным словам.

MODEL: _____? **Откуда** вы приехали?
Я приехал **из Англии**. Я приехал **из Англии**.

a _____?
Мы пришли **из театра**.

b _____?
Они пришли **из цирка**.

c _____?
Эта группа приехала **из Лондона**.

d _____?

Вчера́ я прие́хал из Петербу́рга.

e _____?

Днём я пришёл из университе́та.

SKILLS WORK

Reading

1 Read the dialogue. Прочита́йте диало́г.

звони́ть (2) / позвони́ть (2)	
я	(по)звоню́
ты	(по)звони́шь
они́	(по)звоня́т

— Алло́! Э́то компа́ния «Ко́дак»?

— Да, я вас слу́шаю.

— Здра́вствуйте! Э́то Смирно́в из ба́нка «Росси́йский креди́т».

— До́брое у́тро. Мы ещё не получи́ли ва́ши докуме́нты.

— Господи́н Мака́ров прие́дет из Жене́вы то́лько за́втра у́тром. Но докуме́нты бу́дут у вас по́сле обе́да.

— Хорошо́, что позвони́ли. Господи́н Ромм из Герма́нии уже́ звони́л сего́дня у́тром и спра́шивал меня́ об э́том. Спаси́бо за информа́цию.

— До свида́ния.

2 Answer the questions. Отве́тьте на вопро́сы.

a Отку́да звони́л Смирно́в?

b Отку́да прие́дет господи́н Мака́ров за́втра у́тром?

c Когда́ докуме́нты бу́дут в компа́нии «Ко́дак»?

d Отку́да звони́л господи́н Ромм?

UNIT 10

Writing

1 Write down where these people have been, where they came from. Use the words below. Напишите, где были эти люди, откуда они приехали. Используйте модель и следующие слова.

РЕСТОРА́Н   ТЕА́ТР

МУЗЕ́Й    ШКО́ЛА

MODEL: Мари́на сказа́ла, что **Пари́ж** о́чень краси́вый го́род.

Мари́на была́ **в Пари́же**.
Мари́на прие́хала **из Пари́жа**.

a И́горь сказа́л, что спекта́кль **в теа́тре** был о́чень дли́нный.
_____

b Ната́ша сказа́ла, что уро́к **в шко́ле** был о́чень тру́дный.
_____

c Джон сказа́л, что Эрмита́ж о́чень большо́й **музе́й**.
_____

d Джу́лия сказа́ла, что у́жин **в рестора́не** был о́чень хоро́ший.
_____

2 Answer the questions, using the words given on the right. Write down the answers.
Ответьте на вопросы, используя слова, данные справа. Запишите ответы.

MODEL: Откуда вы получили письмо?   Лондон
         Я получил письмо **из Лондона**.

| получа́ть (2) |
| получи́ть (2) |

я	получу́
ты	полу́чишь
они́	полу́чат

a   Откуда ты получил телеграмму?   Париж
    _____

b   Откуда получает письма ваш друг?   дом
    _____

c   Откуда приехал ваш партнёр?   банк
    _____

d   Откуда вы приехали?   Вена
    _____

e   Откуда вы получили эту новость?   клиника
    _____

TRANSFER

Stand up and practise:
What's your name? Where are you from? What his/ her name? Where's he/ she from? Where did he /she work? Where does he/she work now?
Встаньте и попрактикуйтесь:

Как вас зовут?
Откуда вы приехали?
Как его/ её зовут?
Откуда он/она приехал(а)?
Где он/она работал(а) раньше?
Где он/она работает сейчас?

UNIT 10

EVERYDAY RUSSIAN

HOW TO FIND OUT THE PRICE OF SOMETHING

— Ско́лько сто́ит телеви́зор?
— Две ты́сячи рубле́й.

T49 **1** Listen and put ✓ for the numbers you hear. Слушайте и галочками отмечайте те числа, которые вы услышали.

10 рубле́й ✓   50 рубле́й   11 рубле́й   40 рубле́й
32 рубля́   25 рубле́й   8 рубле́й   4000 рубле́й

(1) оди́н	рубль
(2) два (3) три (4) четы́ре	рубля́
(5) пять — (20) два́дцать	рубле́й
(21) два́дцать оди́н	рубль
(22) два́дцать два	рубля́

2 Work with a partner. Say the prices. Работайте в парах, назовите цены.

ша́хматы 500 рубле́й

телеви́зор 1000 рубле́й

кни́га 50 рубле́й

автомоби́ль 20000 рубле́й

стол 300 рубле́й

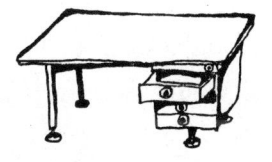

3 In pairs, ask and answer about the prices (ex.2). Работайте в парах, спросите друг друга, сколько стоит тот или иной предмет из упражнения 2.

MODEL: — Ско́лько сто́ит автомоби́ль?
— Автомоби́ль сто́ит два́дцать ты́сяч рубле́й.

DRILL

1

КТО? WHO? (NOMINATIVE)	ЧЕЙ ЭТО АДРЕС? WHOSE ADDRESS THIS IS?
бра**т** (Masc.)	áдрес брáт**а**
Игор**ь** (Masc.)	áдрес Игор**я**
сестр**á** (Fem.)	áдрес сестр**ы́**
студéнт**к**а (Fem.)	áдрес студéнт**ки**

2 The **GENITIVE SINGULAR** of мой, твой, наш, ваш, этот, and adjectives.

MASCULINE		FEMININE		NEUTER	
Nom.	Gen.	Nom.	Gen.	Nom.	Gen.
Мой отéц	Дом моегó отцá	Моя́ сестрá	Áдрес моéй сестры́	Моё письмó	Результáт моегó письмá
Твой отéц	Дом твоегó отцá	Твоя́ сестрá	Áдрес твоéй сестры́	Твоё письмó	Результáт твоегó письмá
Наш отéц	Дом нáшего отцá	Нáша сестрá	Áдрес нáшей сестры́	Нáше письмó	Результáт нáшего письмá
Ваш отéц	Дом вáшего отцá	Вáша сестрá	Áдрес вáшей сестры́	Вáше письмó	Áвтор вáшего письмá
Этот большóй дом	Áдрес э́того большóго дóма	Эта большáя книга	Áвтор э́той большóй книги	Это большóе письмó	Áвтор э́того большóго письмá

3   **THE GENITIVE PLURAL**

	Кто? Что? (NOMINATIVE SINGULAR)	Когó? Чегó? (GENITIVE PLURAL) мнóго, мáло нéсколько, скóлько
MASCULINE	студéн**т** автомоби́л**ь**	мнóго студéнт**ов** мáло автомоби́л**ей**
FEMININE	кни́г**а**	нéсколько книг
NEUTER	слóв**о**	скóлько слов

UNIT 10

4

1 (один, одна, одно)	2 (два, две), 3, 4	5 — 20
год	го́дa	лет
час	часа́	часо́в
мину́та	мину́ты	мину́т
раз	ра́зa	раз
челове́к	челове́кa	челове́к
окно́	о́кнa	о́кон
рубль	рубля́	рубле́й

5

(1) оди́н	рубль
(2) два (3) три (4) четы́ре	рубля́
(5) пять — (20) два́дцать	рубле́й
(21) два́дцать оди́н	рубль
(22) два́дцать два	рубля́

6   **GENITIVE WITH THE PREPOSITION из**

тури́сты	из Кана́ды	Кана́д[А] → из Кана́д[Ы]
	из Аме́рики	Аме́рик[А] → из Аме́рик[И]
	из Алжи́ра	Алжи́р[—] → из Алжи́р[А]
	из Япо́нии	Япо́н[ИЯ] → из Япо́н[ИИ]

Отку́да тури́сты?   Where are the tourists from?
Тури́сты из Аме́рики.   Tourists are from America.

7   **Прие́хать из —**   to come (ride) from   **Прийти́ из —**   to come (not to ride) from

Past
Он прие́хал
Она́ прие́хала
Они́ прие́хали

Future
Я прие́ду
Ты прие́дешь
Они́ прие́дут

Past
Он пришёл
Она́ пришла́
Они́ пришли́

Future
Я приду́
Ты придёшь
Они́ приду́т

Отку́да он прие́хал? Он прие́хал из А́нглии.
Отку́да она́ пришла́? Она́ пришла́ из теа́тра.

VOCABULARY

автобус — bus
áвтор — author
гараж — garage
господин — mister, gentlemen
гость — guest
группа — group
длинный — long
забывать/забыть — to forget
замечательный — wonderful
звонить/позвонить — to call (phone)
зелёный — green
из — from
информация — information
корреспондент — correspondent
красивый — beautiful
мало — a few

несколько — few
отец — farther
откуда — where from
получать/получить — to receive
приехать — to come (ride), to arrive
прийти — to come
раз — time
результат — result
сколько — how many
столица — capital
троллейбус — trolley-bus
турист — tourist
тысяча — thousand
эти — these
этот, эта, это — that

UNIT 11

PRESENTATION

T50 **1** Read and listen. Читайте и слушайте.

— Кому́ ты звони́шь?
— Who are you calling?

— А как ты ду́маешь?
— And what do you think?

— Мари́не?
— To Marina?

— Нет.
— No.

— И́горю?
— To Igor?

— Нет.
— No.

— Ви́ктору?
— To Victor?

— Да. Мне на́до позвони́ть ему́ у́тром.
— Yes. I must call him in the morning.

T50   **2**   Listen and repeat. Слушайте и повторяйте.

Language notes

давáть (1) / дать (1)

давáть (1)

я	даю́
ты	даёшь
они́	даю́т

дать (1)

я	дам
ты	дашь
он/онá	даст
вы	дади́те
мы	дади́м
они́	даду́т

покáзывать (1) / показáть (1)

я	покажу́
ты	покáжешь
они́	покáжут

покупáть (1) / купи́ть (2)

я	куплю́
ты	ку́пишь
они́	ку́пят

расскáзывать (1) / рассказáть (1)

я	расскажу́
ты	расскáжешь
они́	расскáжут

дари́ть (2) / подари́ть (2)

я	подарю́
ты	подáришь
они́	подáрят

помогáть (1) / помóчь (1)

я	помогу́
ты	помóжешь
они́	помóгут

NOUNS IN DATIVE

●	NOMINATIVE Кто? Who?	DATIVE Комý? To whom?	ENDING
MASCULINE	студéнт / И́горь	звони́ть студéнту / сказáть И́горю	-у / -ю
FEMININE	студéнтка / Мари́я	написáть студéнтке / дать Мари́и	-е / -ии
PLURAL	студéнты / преподавáтели	студéнтам / преподавáтелям	-ам / -ям

VERBS AFTER WHICH THE DATIVE IS USED:

писáть/написáть	to write	Что?	Комý?
давáть/дать	to give	Что?	
покáзывать/показáть	to show	Что?	
покупáть/купи́ть	to buy	Что?	
дари́ть/подари́ть	to present	Что?	
говори́ть/сказáть	to say	О чём? О ком?	
расскáзывать/рассказáть	to tell	О чём? О ком?	
обещáть/пообещáть	to promise	+ inf.	
помогáть/помóчь	to help	+ inf.	
звони́ть/позвони́ть	to phone	●	

3   Make up phrases, as in the model. Составьте словосочетания по образцу.

MODEL: писáть — друг, сестрá, Мари́я
писáть дрýгу, сестрé, Мари́и

a   Помогáть — Ви́ктор, отéц, сын, брат, дéдушка, друг, И́горь

b   Звони́ть — Мари́на, Джýлия, Áнна, мáма, подрýга

c   Расскáзывать — журнали́ст, дирéктор, программи́ст, инженéр

d Покупа́ть — сы**н**, дру**г**, му**ж**, преподава́тел**ь**, профе́ссо**р**
e Дари́ть — подру́г**и**, клие́нт**ы**, журнали́ст**ы**, тёт**и**
f Дава́ть — партнё**р**, секрета́р**ь**, Андре́**й**, Бори́**с**, Ни́н**а**

4 Answer the questions, using the words given on the right. Отве́тьте на вопро́сы, испо́льзуя слова́, да́нные спра́ва.

MODEL: Кому́ вы пи́шете письмо́? | оте́ц
Я пишу́ письмо́ **отцу́**.

a	Кому́ вы написа́ли письмо́?	брат
b	Кому́ вы расска́зываете о но́вом фи́льме?	сын
c	Кому́ вы позвони́ли?	друг
d	Кому́ вы купи́ли журна́л?	партнёр
e	Кому́ вы пока́жете упражне́ние?	преподава́тель
f	Кому́ студе́нты да́рят цветы́?	профе́ссор
g	Кому́ он пообеща́л посмотре́ть фильм?	подру́га
h	Кому́ она́ даст кни́гу?	сестра́
i	Кому́ они́ помога́ли в воскресе́нье?	ба́бушка
j	Кому́ ты покупа́ешь пода́рок?	ма́ма

5 Answer the questions and write down the answers. Отве́тьте на вопро́сы. Запиши́те свои́ отве́ты.

a Кому́ вы пи́шете пи́сьма?

_____

b Кому́ вы покупа́ете пода́рки?

_____

c Кому́ вы обеща́ли купи́ть биле́ты в теа́тр?

_____

d Кому́ вы помога́ете?

_____

e   Кому́ вы расска́зываете о пробле́мах?
   _____

f   Кому́ вы показа́ли фотоаппара́т?
   _____

Language notes

PERSONAL PRONOUNS IN THE DATIVE

NOMINATIVE	DATIVE
Кто? Who?	Кому́? To whom?
я	мне
ты	тебе́
он	ему́
она́	ей
оно́	ему́
мы	нам
вы	вам
они́	им

6 Supply the required pronouns. Вста́вьте пропу́щенное местоиме́ние.

MODEL: — Э́то мой **брат**. Я купи́л ___ кни́гу.
— Э́то мой **брат**. Я купи́л **ему́** кни́гу.

a   Э́то мои́ **партнёры**. Я обеща́л _____ позвони́ть в А́нглию.

b   Э́то наш **дире́ктор**. Ка́ждый понеде́льник мы пока́зываем _____ план рабо́ты.

UNIT 11   217

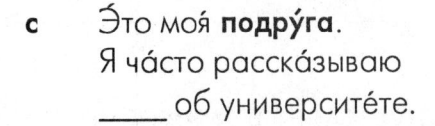

c   Это моя **подруга**. Я часто рассказываю ____ об университете.

d   Мой **отец** живёт в Петербурге. Иногда я пишу ____ письма.

e   **Вы** уже были в нашем офисе? Я могу показать ____ наш офис.

7   Use pronouns given in the brackets in the required case. Поставьте местоимение, данное в скобках, в правильной форме.

MODEL: Анна рассказала ____ о Лондоне.   **(мы)**
              Анна рассказала **нам** о Лондоне.

a   Преподаватель показал ____ фильм о Москве.   (мы)

b   Я помогаю ____ изучать английский язык.   (она)

c   Моя сестра часто пишет ____ письма.   (я)

d Завтра я позвоню _____. **(вы)**

_____

e Я рассказал _____ о последней новости. **(он)**

_____

f Вчера я купил _____ подарок. **(ты)**

_____

g Завтра я покажу _____ наш офис. **(они)**

_____

Language notes

THE DATIVE CASE OF ADJECTIVES AND POSSESSIVE PRONOUNS

	SINGULAR				
●	**MASCULINE** Кто? Who? Какой? Which?		**FEMININE** Кто? Who? Какая? Which?	
NOMINATIVE	Мой Твой Наш Ваш	новый друг	Моя Твоя Наша Ваша	новая подруга
●	**MASCULINE** Кому? To whom? Какому? Which?		**FEMININE** Кому? To whom? Какой? Which?	
DATIVE	Позвонить	моему твоему нашему вашему	новому другу	Позвонить	моей твоей нашей вашей	новой подруге

8 Read the questions and answers. Прочитайте вопросы и ответы.

a — Как**ому** журналис**ту** вы рассказываете о проблеме?
— Мы рассказываем о проблеме американск**ому** журналис**ту**.

b — Как**ому** партнёр**у** вы показываете контракт?
— Я показываю контракт стар**ому** партнёр**у**.

UNIT 11

c — Какой девочке вы покупаете подарки?
— Я покупаю подарки маленькой девочке.

d — Какой студентке вы написали письмо?
— Я написала письмо новой студентке.

9 Answer the questions, using the words given on the right. Ответьте на вопросы, используя слова, данные справа.

MODEL: Какому студенту вы рассказали о Москве? | новый
Мы рассказали о Москве новому студенту.

a	Какому журналисту вы звонили вчера?	известный
b	Какому профессору вы подарили новую книгу?	американский
c	Какому клиенту вы показали офис?	старый
d	Какой студентке вы помогаете учить английские слова?	русская
e	Какой подруге вы купили подарок?	новая

10 Answer the questions, using the words given on the right. Ответьте на вопросы, используя слова, данные справа.

a	Кому вы сказали об экскурсии?	наш новый преподаватель
b	Кому вы купили билет в театр?	моя хорошая подруга
c	Кому вы купили подарки?	твоя сестра
d	Кому вы позвонили вчера?	ваш старый профессор
e	Кому вы дали интервью?	наш известный журналист

11 Supply the words given on the right. Вставьте слова, данные справа.

a	Марина показывает _____ московское метро.	испанский турист
b	Вчера я написала письмо _____.	сестра
c	Учитель рассказал _____ интересную историю.	студенты

d	Мы купи́ли пода́рки _____ .	клие́нт
e	Он показа́л докуме́нты _____ .	журнали́ст

COMMUNICATIVE PRACTICE

Language notes

THE DATIVE DENOTING AGE

— Ско́лько вам лет? Ско́лько лет ва́шей сестре́?
— Мне три́дцать оди́н год, а мое́й сестре́ два́дцать лет.

1 Complete the sentences, using the words **год, го́да**, and **лет**. Зако́нчите предложе́ния, испо́льзуя слова́ **год, го́да** и **лет**.

MODEL: Мне два́дцать оди́н ___ .
Мне два́дцать оди́н **год**.

a Мне три́дцать _____ .
b Моему́ бра́ту два́дцать четы́ре _____ .
c Ему́ семна́дцать _____ .
d Ей со́рок оди́н _____ .
e Мое́й подру́ге три́дцать пять _____ .
f Моему́ сы́ну четы́ре _____ .

2 Answer the questions. Отве́тьте на вопро́сы.

a Ско́лько вам лет?
b Ско́лько лет ва́шей ма́ме?
c Ско́лько лет ва́шему отцу́?
d Ско́лько лет ва́шей сестре́?
e Ско́лько лет ва́шему дру́гу?
f Ско́лько лет ва́шему бра́ту?
g Ско́лько лет ва́шей подру́ге?

UNIT 11

Language notes

The Dative case is also used in impersonal expressions.

Мне хо́лодно. — I'm cold.

There are many words like хо́лодно **denoting states.**

Мне гру́стно. — I'm sad.

Мо́жно (мне) войти́? — May I come in.

Ей нельзя́ кури́ть. — She must not smoke.

Ему́ на́до позвони́ть. — He must make a telephone call.

Тебе́ нра́вится Москва́? — Do you like Moscow?

3 Make up antonymous sentences and write the down. Соста́вьте антоними́чные предложе́ния и запиши́те их.

MODEL: Мне **тру́дно** говори́ть по-ру́сски.
Мне **легко́** говори́ть по-ру́сски.

a Ему́ **тру́дно** чита́ть по-ру́сски.
_____

b Вам **тру́дно** гото́вить обе́д.
_____

c Нам **легко́** бы́ло учи́ть но́вые слова́.
_____

d Тебе́ бу́дет **интере́сно** реша́ть э́ти пробле́мы.
_____

e Мне **прия́тно** говори́ть об э́том.
_____

f Ему́ бы́ло **неприя́тно** прочита́ть об э́том.
_____

4 Use the words given on the right in the required case. Поста́вьте слова́, да́нные спра́ва, в ну́жном падеже́.

MODEL: ___ на́до купи́ть газе́ту. | я
Мне на́до купи́ть газе́ту.

a	_____ надо позвонить брату.	вы
b	_____ надо приготовить обед.	ты
c	_____ надо выучить новые слова.	они
d	_____ надо написать письмо.	она
e	_____ нельзя курить.	он
f	Можно _____ позвонить?	я
g	Можно _____ взять ваш словарь?	я
h	Можно _____ войти?	я
i	____ нельзя много работать.	мы
j	____ надо прочитать эту книгу.	вы

Language notes

New verbs: нравиться(2)/понравиться(2) — to like

нравится/понравился
нравятся   понравилась
        понравилось
        понравились

Мне нравится кино.	Вчера я был в театре. Мне понравился балет.
Мне нравятся американские фильмы.	Мне понравилась музыка, понравились артисты. Мне всё понравилось.

5 Answer the questions. Ответьте на вопросы.

MODEL A: — Вам нравится этот фильм?
— Да, мне нравится этот фильм.

a Вам нравится эта книга?
b Вам нравится этот дом?
c Вам нравится этот журнал?
d Вам нравится эта презентация?
e Вам нравится этот обед?

MODEL B: — Вам понравился университет?
— Да, мне понравился университет.

a Вам понравился ужин?
b Тебе понравился спектакль?
c Тебе понравилась лекция?

d Им понрáвили́сь кни́ги?

e Ему́ понрáвился о́фис?

6 Make up sentences with the verbs **нра́вится/понра́вится** using the words below. Use the model. Составьте предложения с глаголами **нра́вится/понра́вится** и следующими словами, используя модель.

MODEL: Вы́ставка

Мне нра́вится (понра́вилась) э́та **вы́ставка**.

**вы́ставка, бале́т, арти́сты, журна́л
писа́тель, моро́женое, стихи́, рома́н**

7 Answer the questions, as in the model. Write down the answers. Ответьте на вопросы по образцу. Запишите свои ответы.

MODEL: — Вы **лю́бите** о́перу?

— Да, мне **нра́вится** о́пера.

a Вы **лю́бите** бале́т?
b Вы **лю́бите** ва́шу рабо́ту?
c Ты **лю́бишь** бана́ны?
d Ва́ша сестра́ **лю́бит** Москву́?
e Ваш брат **лю́бит** истори́ческие рома́ны?

Language notes

THE DATIVE WITH THE PREPOSITION К

— Куда́ (к кому́) ты идёшь сейча́с? (— Where (To whom) do you go now?)
— Я иду́ в гости́ницу к дру́гу. (— I go to the hotel to my friend.)

Идти́ and ходи́ть mean to go, to come (not to ride)

Éхать and éздить mean to go, to come (to ride)

They are all imperfective.

Идти́ and éхать indicate that the action is viewed as in progress, on a single occasion and/or in a single direction.

Куда́ ты идёшь?

Мы е́хали два дня на маши́не.

Ходи́ть and éздить indicate that the action is viewed as habitual or repeated, that is, on various occasions and/or in various directions.

Мы ча́сто ходи́ли в теа́тр.

В Ло́ндоне я всегда́ е́здила на рабо́ту на маши́не.

идти́ (1)

я	иду́
ты	идёшь
они́	иду́т

éхать (1)

я	éду
ты	éдешь
он/она́	éдет
мы	éдем
вы	éдете
они́	éдут

PRESENT

пойти (1)	
я	пойду́
ты	пойдёшь
они́	пойду́т

пое́хать (1)	
я	пое́ду
ты	пое́дешь
они́	пое́дут

Мари́на идёт в теа́тр.
Marina is going to the theatre.

И́горь е́дет на рабо́ту.
Igor is going to the office.

PAST

Вчера́ они́ ходи́ли в рестора́н.
Yesterday they went to the restaurant.

Ле́том Мари́на и И́горь е́здили к ба́бушке в Ки́ев.
In summer Marina and Igor went to Kiev to see there grandmother.

FUTURE

За́втра они́ пойду́т в музе́й.
Tomorrow they will go to the museum.

Ле́том они́ пое́дут в А́фрику.
In summer they will go to Africa.

PRESENT	Куда́ (к кому́) ты идёшь сейча́с? Where (to whom) are you going to now? Я иду́ на рабо́ту. Я иду́ к дру́гу. Куда́ (к кому́) ты е́дешь сейча́с? Я е́ду в теа́тр. Я е́ду к бра́ту.	Идти́ + в, на + Acc. Идти́ + к + Dat. Éхать + в, на + Acc. Éхать + к + Dat.
PAST	Куда́ (к кому́) ты ходи́л вчера́? (Where (to whom) did you go yesterday?) = (Где ты был вчера́?) Я ходи́ла в цирк. Я ходи́л к до́ктору. Куда́ (к кому́) ты е́здил вчера́? = (Где ты был вчера́?) Мы е́здили на экску́рсию. Мы е́здили к президе́нту.	Ходи́л (а, и) + в, на + Acc. Ходи́л (а, и) + к + Dat. Éздил (а, и) + в, на + Acc. Éздил (а, и) + к + Dat.
FUTURE	Куда́ (к кому́) ты пойдёшь за́втра? (Where (to whom) will you go tomorrow?) Я пойду́ на ле́кцию к изве́стному профе́ссору. Куда́ (к кому́) ты пое́дешь за́втра? Мы пое́дем в А́нглию к изве́стному писа́телю.	Пойти́ + в, на + Acc. Пойти́ + к + Dat. Пое́хать + в, на + Acc. Пое́хать + к + Dat.

8 Study the pictures (p. 224) and answer the questions. Рассмотрите рисунки на стр. 224 и ответьте на вопросы.

    a   Куда́ идёт Мари́на?

    b   Куда́ е́дет И́горь?

    c   Куда́ они́ ходи́ли вчера́?

    d   Куда́ (к кому́) они́ е́здили ле́том?

    e   Куда́ они́ пое́дут ле́том?

    f   Куда́ они́ пойду́т за́втра?

9 Complete the sentences, using the words given on the right and the prepositions В or К. Закончите предложения, используя слова, данные справа, и предлоги В и К.

a	Сего́дня мне на́до пойти́	дире́ктор, банк
b	Ле́том я пое́ду	моя́ ста́рая ба́бушка, Петербу́рг

c	Вчера́ я ходи́л	преподава́тель, университе́т
d	В суббо́ту мы пойдём	профе́ссор, кли́ника
e	В сре́ду я пое́ду	Мари́на и И́горь, гости́ница

SKILLS WORK

Reading

1 Read and translate the text. Прочита́йте и переведи́те текст.

реша́ть (1)/реши́ть (2) + infinitiv

я	решу́
ты	реши́шь
они́	реша́т

забыва́ть (1)/забы́ть (1) + infinitiv

я	забу́ду
ты	забу́дешь
они́	забу́дут

Вчера́ у мое́й жены́ был день рожде́ния. Я пообеща́л ей купи́ть торт. Но вчера́ у меня́ бы́ло о́чень мно́го рабо́ты, поэ́тому я забы́л, что мне на́до купи́ть торт. Когда́ я пришёл домо́й, мне бы́ло о́чень сты́дно. Поэ́тому я реши́л пое́хать в магази́н и купи́ть всё, что на́до. Я так и сде́лал. Ещё я купи́л краси́вые цветы́. Мое́й жене́ три́дцать три го́да, поэ́тому я купи́л три́дцать три цветка́. Она́ сказа́ла мне, что ей о́чень понра́вились цветы́. Пото́м пришла́ её ма́ма и подари́ла ей ча́йник. Интере́сно, что она́ пода́рит мне на день рожде́ния.

2 Answer the questions. Отве́тьте на вопро́сы.

a У кого́ вчера́ был день рожде́ния?
b Что он пообеща́л купи́ть жене́?
c Почему́ он забы́л купи́ть торт?
d Почему́ он реши́л пое́хать в магази́н и купи́ть всё, что на́до?
e Что ещё он купи́л жене́?
f Ско́лько лет его́ жене́?

g Что она сказала ему, когда он подарил ей цветы?
h Кто пришёл потом?
i Что она подарила?
j О чём он подумал, когда она подарила чайник его жене?

3 Work in pairs. Exchange the following information. Use the questions below as a plan. Работайте в парах. Обменяйтесь следующей информацией. Используйте следующие вопросы как план вашего рассказа.

Что вы обычно дарите жене/мужу в день рождения?
Что она/он дарит вам?
Что она/он подарила вам в последний раз?
Вам понравился её/его подарок?

Writing

Write a short report about your last birthday party. Коротко опишите ваш последний день рождения.

TRANSFER

Tell your partner about a film you did (not) like by answering the following questions. Расскажите партнёру о фильме, который вам (не) понравился, ответив на следующие вопросы.

a Какой фильм вы смотрели?
b Кто режиссёр фильма?
c Кто играет главные роли?
d О чём рассказывает фильм?
e Почему вам (не) понравился этот фильм?

EVERYDAY RUSSIAN

T51 **1** Read and listen. Читайте и слушайте.

автобус
троллейбус
трамвай
метро
такси
поезд
машина

T51 **2** Listen and repeat. Слушайте и повторяйте.

T51 **3** Listen and tick (✓) the words you hear. Слушайте и отмечайте те слова, которые вы услышали.

| автобус ✓ | троллейбус | трамвай | метро |
| такси | поезд | машина | |

4 Say the name of the things your teacher shows. Скажите, как называются транспортные средства, которые показывает преподаватель.

5 Study the pictures and answer the questions. Изучите следующие рисунки и ответьте на вопросы.

MODEL A: — Журналисты **едут** на метро?
— Нет, они **едут** на машине.

MODEL B: — Куда **приехали** журналисты?
— Они **приехали** на выставку.

UNIT 11   229

Éхать на чём? (Как?)		
Éхать	на	автóбусe
		троллéйбусe
		трамвáe
		метрó
		таксú
		машúнe
		пóездe

Турúсты

Дéти

Дирéктор

Марúна

Бáбушка

Úгорь

A a Дéти éдут на таксú?
    b Турúсты éдут на трамвáе?
    c Úгорь éдет на машúне?
    d Дирéктор éдет на троллéйбусе?
    e Марúна éдет на автóбусе?
    f Бáбушка éдет на пóезде?
    g Журналúсты éдут на метрó?

B
  a Куда́ е́дут де́ти?
  b Куда́ е́дет Мари́на?
  c Куда́ е́дут журнали́сты?
  d Куда́ е́дет И́горь?
  e Куда́ е́дет ба́бушка?
  f Куда́ е́дут тури́сты?
  g Куда́ е́дет дире́ктор?

DRILL

1   NOUNS IN DATIVE

•	NOMINATIVE Кто? Who?	DATIVE Кому́? To whom?	ENDING
MASCULINE	студе́нт И́горь	звони́ть студе́нт**у** сказа́ть И́гор**ю**	-у -ю
FEMININE	студе́нтк**а** Мари́**я**	написа́ть студе́нтк**е** дать Мари́**и**	-е -ии
PLURAL	студе́нт**ы** преподава́тел**и**	студе́нт**ам** преподава́тел**ям**	-ам -ям

2   PERSONAL PRONOUNS IN THE DATIVE

NOMINATIVE Кто? Who?	DATIVE Кому́? To whom?
я	мне
ты	тебе́
он	ему́
она́	ей
оно́	ему́
мы	нам
вы	вам
они́	им

UNIT 11

3 THE DATIVE CASE OF ADJECTIVES AND POSSESSIVE PRONOUNS

	SINGULAR				
●	MASCULINE Кто? Who? Какой? Which?			FEMININE Кто? Who? Какая? Which?	
NOMINATIVE		Мой Твой Наш Ваш	новый друг	Моя Твоя Наша Ваша	новая подруга
●	MASCULINE Кому? To whom? Какому? Which?			FEMININE Кому? To whom? Какой? Which?	
DATIVE	Позвонить	моему твоему нашему вашему	новому другу	Позвонить моей твоей нашей вашей	новой подруге

4

PRESENT	Куда (к кому) ты идёшь сейчас? Where (to whom) are you going to now? Я иду на работу. Я иду к другу. Куда (к кому) ты едешь сейчас? Я еду в театр. Я еду к брату.	Идти + в, на + Acc. Идти + к + Dat. Ехать + в, на + Acc. Ехать + к + Dat.
PAST	Куда (к кому) ты ходил вчера? = (Where (to whom) did you go yesterday?) (Где ты был вчера?) Я ходила в цирк. Я ходил к доктору. Куда (к кому) ты ездил вчера? = (Где ты был вчера?) Мы ездили на экскурсию. Мы ездили к президенту.	Ходил (а, и) + в, на + Acc. Ходил (а, и) + к + Dat. Ездил (а, и) + в, на + Acc. Ездил (а, и) + к + Dat.
FUTURE	Куда (к кому) ты пойдёшь завтра? (Where (to whom) will you go tomorrow?) Я пойду на лекцию к известному профессору. Куда (к кому) ты поедешь завтра? Мы поедем в Англию к известному писателю.	Пойти + в, на + Acc. Пойти + к + Dat. Поехать + в, на + Acc. Поехать + к + Dat.

VOCABULARY

бáбушка — grandmother
билéт — ticket
брать/взять — to take
глáвный — main
грýстно — sad
давáть/дать — to give
дарúть/подарúть — to present
день рождéния — birthday
éздить — to go (ride), to drive
éхать — to go (ride), to drive
идтú — to go
извéстный — famous
интервью́ — interview
комý? — to whom?
курúть — to smoke
мóжно — one may
муж — husband
нáдо — it is necessary
нельзя́ — it is impossible, it is not allowed

нрáвиться/понрáвиться — to like
обещáть/пообещáть — to promise
план — plan
подáрок — present
пóезд — train
покáзывать/показáть — to show
покупáть/купúть — to buy
помогáть/помóчь — to help
расскáзывать/рассказáть — to tell
режиссёр — producer
решáть/решúть — to decide
роль — role
стихú — poetry
сты́дно — it is shame
таксú — taxi
тётя — aunt
ходúть — to go
хóлодно — it is cold

UNIT 12

PRESENTATION

T52 **1** Read and listen. Читайте и слушайте.

мочь (1)/смочь (1)	
я	(с) могу́
ты	(с) мо́жешь
они́	(с) мо́гут

— Мари́на, с кем ты так до́лго разгова́ривала по телефо́ну?
— Marina, who have you been talking with so long by phone?

— С Джу́лией.
— With Julia.

— Я ду́мал, Джу́лия была́ вме́сте с тобо́й в теа́тре вчера́.
— I thought Julia was at the theatre with you yesterday.

— Да, я была́ с ней в теа́тре вчера́. Ты зна́ешь, она́ сейча́с рабо́тает в компа́нии «Пе́псико».
— Yes, I was at the theatre with her yesterday. Do you know she works at Pepsico company now.

— А кем она́ рабо́тает?
— And what does she do? As whom does she work?

— Дире́ктором.
— As a director.

— Да? А Наташа тоже была в театре?
— Really? And was Natasha also at the theatre?

— Нет, она хотела пойти, но не смогла. У неё было много работы.
— No, she wasn't. She wanted to go, but she couldn't. She had a lot of work to do.

— Ты можешь дать мне номер её телефона? Хочу ей позвонить.
— Could you give me her telephone number? I want to call her.

— Конечно, 231-20-19.
— Sure, 231-20-19.

T52 **2** Listen and repeat. Слушайте и повторяйте.

Language notes

THE INSTRUMENTAL CASE OF NOUNS

The instrumental case is used with the prepositions с (со) — with, над — above, под — under, за — behind, перед — in front of.

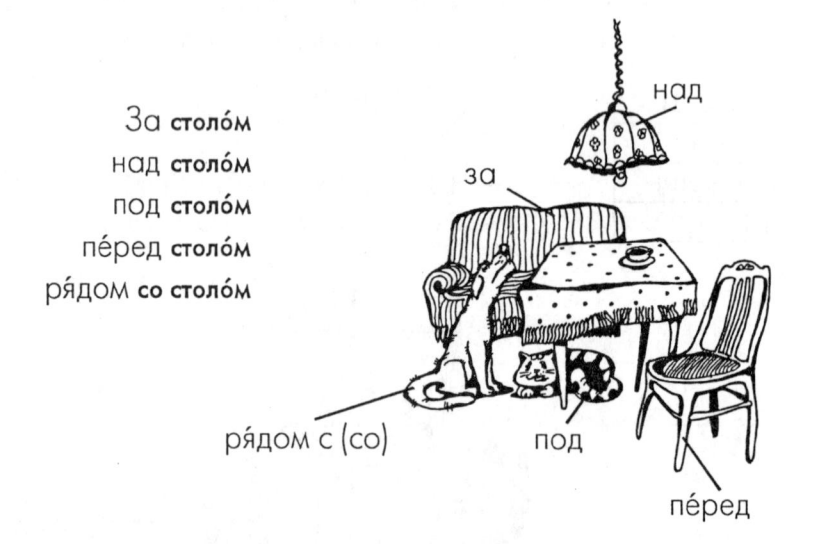

За **столом**
над **столом**
под **столом**
перед **столом**
рядом со **столом**

рядом с (со)   под   перед   за   над

С expresses the idea of accompaniment. It means with only the sense of 'together with'.

С кем он играет? Who is he playing with?
Он играет с братом. He plays with a brother.

UNIT 12

	SINGULAR		PLURAL
	MASCULINE	FEMININE	
NOMINATIVE	Брат преподава́тель	сестра́ Джу́лия	сёстры преподава́тели
INSTRUMENTAL	игра́ть с бра́т**ом** разгова́ривать с преподава́тел**ем**	игра́ть с сестр**о́й** разгова́ривать с Джу́ли**ей**	игра́ть с сёстр**ами** разгова́ривать с преподава́тел**ями**
	MASCULINE	FEMININE	
INSTRUMENTAL ENDING	-ом (-ем) С кем? With whom?	-ой (-ей) С кем? With whom?	-ами (-ями) С кем? With whom?

3 Answer the questions. Отве́тьте на вопро́сы.

MODEL: — Вы ходи́ли в теа́тр **с дру́гом**?
— Да, я ходи́л в теа́тр **с дру́гом**.

a Вы бы́ли в рестора́не **с бра́том**?
___

b Мари́на разгова́ривала по телефо́ну **с отцо́м**?
___

c Вчера́ вы обе́дали **с клие́нтом**?
___

d Вы изуча́ете ру́сский язы́к **с преподава́телем**?
___

e А́нна была́ в клу́бе **с подру́гой**?
___

f Вы пое́дете в Ло́ндон **с сестро́й**?
___

g Вчера́ вы за́втракали **с тётей**?
___

h Вы ходи́ли в магази́н **с ма́мой**?
___

i Ты говори́л по телефо́ну **с Мари́ной**?
___

4 Make up sentences, using the words given in brackets, and write them down. Закончите предложения, используя слова, данные в скобках. Запишите их.

a Я иду в театр с другом...
(брат, клиент, партнёр, Пётр, преподаватель)

b Я играю в теннис с сестрой...
(Áнна, подруга, клиентка, Марина, Джулия)

c Я говорил по телефону с директором...
(профессор, девушка, журналист, доктор).

Language notes

VERBS AFTER WHICH THE INSTRUMENTAL WITH THE PREPOSITION С IS USED:

разговаривать — to talk
встречаться/встретиться — to meet
здороваться/поздороваться — to exchange greetings
советоваться/посоветоваться — to ask advice of
ссориться/поссориться — to quarrel
знакомиться/познакомиться — to become acquainted

С КЕМ?

здороваться (1) /
поздороваться (1)

я	(по)здороваЮсь
ты	(по)здороваЕШЬся
они	(по)здороваЮТся

советоваться (1) /
посоветоваться (1)

я	(по)советуЮсь
ты	(по)советуЕШЬся
они	(по)советуЮТся

Russian has many verbs which end -ТЬСЯ (pronounced [tsa]). The -ТЬ is normal infinitive ending and the -СЯ means 'self':

e.g. одеваться — 'to dress oneself' (or 'to get dressed')

There are group of verbs with the meaning of reciprocal action: советоваться, здороваться, встречаться, ссориться, знакомиться.

Compare: СОВЕТОВАТЬ — to advise
СОВЕТОВАТЬСЯ — to advise with somebody

You find -СЯ after consonants and -СЬ after vowels.

я советуюСЬ	мы советуемСЯ
ты советуешьСЯ	вы советуетеСЬ
он/она советуетСЯ	они советуютСЯ

UNIT 12

5 Complete the sentences, using the words given in brackets. Закончите предложения, используя слова, данные в скобках.

MODEL: Виктор поздоровался с _____. (директор).
Виктор поздоровался с директор**ом**.

a В театре мы встретились с _____. (Марин**а** и Джо**н**).
b Я разговаривал по телефону с _____. (партнё**р**).
c Студенты поздоровались с _____. (профессо**р**).
d Мне надо посоветоваться с _____. (до́кто**р**).
e Вчера́ Анна поссо́рилась с _____. (сёстр**ы**).

6 Answer the questions, using the words given on the right. Ответьте на вопросы, используя слова, данные справа.

MODEL: С кем вам на́до посове́товаться, е́сли у вас пробле́ма с сестро́й?
Мне на́до посове́товаться с ма́мой.

С кем вам на́до посове́товаться,

ЕСЛИ

a у вас ча́сто боли́т голова́?

b есть пробле́мы в о́фисе?

c вам надо купить пода́рок жене́?

7 Make up questions to the following answers. Write them down. Задайте вопросы к выделенным словам. Запишите их.

MODEL: — С кем вы поздоровались?
— Мы поздоровались с преподавателем.

a — _____?
— В театре я встретился с другом.

b — _____?
— В Лондоне я познакомился с профессором Райтом.

c — _____?
— Марина всегда советуется с мамой.

d — _____?
— Вчера я поссорилась с подругой.

e — _____?
— Он разговаривает по телефону с Джулией.

8 Replace the singular by the plural. Измените предложения, используя модель.

MODEL: — Я хожу в театр с сестрой.
— Я хожу в театр с сёстрами.

a Она была на выставке с подругой.
   _____

b Сегодня я говорил с доктором.
   _____

c Вчера в университете я посоветовался с преподавателем.
   _____

d Летом я познакомился с журналистом.
   _____

e В Петербурге я познакомился с журналисткой.
   _____

Language notes

THE INSTRUMENTAL CASE OF PRONOUNS

NOMINATIVE	INSTRUMENTAL
Кто?	С кем?
я	со мной
ты	с тобой
он	с ним
она́	с ней
мы	с нами
вы	с вами
они́	с ними

С becomes **со** before **мной**.

9 Answer the questions. Ответьте на вопросы.

MODEL: — Она́ знако́ма **с ним**?
— Да, она́ знако́ма **с ним**.

он знако́м (He is aquainted with...)	с кем?
она́ знако́ма	
они́ знако́мы	

a Вы знако́мы **с ним**?
b Вы знако́мы **с ней**?
c Вы знако́мы **с ни́ми**?
d Она́ пойдёт **с на́ми** в теа́тр?
e Мо́жно **с ва́ми** поговори́ть?
f Кто был **с тобо́й** на обе́де?
g Вы хоти́те пойти́ **со мной** в цирк?
h Джу́лия мо́жет пое́хать **с на́ми** в Петербу́рг?

10 Use personal pronouns. Используйте личные местоимения.

MODEL: — Э́то **Мари́на**. Вы знако́мы **с ней**?

a Э́то **И́горь**. Вы знако́мы с ____?
b Э́то **А́нна**. Вы знако́мы с ____?

c   Это **Джон** и **Джу́лия**. Вы знако́мы с _____?

d   Это **Ви́ктор**. Почему́ вы не поздоро́вались с _____? Вы с _____ не знако́мы?

e   **Андре́й** и **Ната́ша** — на́ши клие́нты. Вы мо́жете пойти́ с _____ на презента́цию? Е́сли мо́жете, вам на́до встре́титься с _____ в шесть часо́в.

f   **Мы** идём в цирк. Вы идёте с _____?

Language notes

THE INSTRUMENTAL CASE OF ADJECTIVES AND POSSESSIVE PRONOUNS

●	SINGULAR			
	Кто? Како́й? Who? Which?		Кто? Кака́я? Who? Which?	
NOMINATIVE	Мой Твой Наш Ваш Э́тот	но́вый друг	Моя́ Твоя́ На́ша Ва́ша Э́та	но́вая подру́га
INSTRUMENTAL	Разгова́ривать с мои́м твои́м на́шим ва́шим э́тим	но́вым дру́гом	Разгова́ривать с мое́й твое́й на́шей ва́шей э́той	но́вой подру́гой
INSTRUMENTAL ENDING	MASCULINE -ЫМ (-ИМ) С кем? With whom? С каки́м? With what (kind of)?		FEMININE -ОЙ (-ЕЙ) С кем? With whom? С како́й? With what (kind of)?	

11   Read the questions and answers. Прочита́йте вопро́сы и отве́ты.

a   — С как**о́й** журнали́стк**ой** они́ говоря́т?

— Они́ говоря́т **с** америка́нск**ой** журнали́стк**ой**.

b — С как**ой** клиентк**ой** он разговаривает?
— Он разговаривает с нов**ой** клиентк**ой**.

c — С как**им** доктор**ом** она советуется?
— Она советуется с известн**ым** доктор**ом**.

d — С как**им** профессор**ом** вы поздоровались?
— Я поздоровался со стар**ым** профессор**ом**.

12 Answer the questions in the affirmative. Дайте положительный ответ на следующие вопросы.

MODEL: — Вы знакомы с мо**ей** сестр**ой**?
— Да, я знаком с ваш**ей** сестр**ой**.

a Вы давно познакомились с эт**им** студент**ом**?
_____

b Вы познакомились с эт**ой** студентк**ой** в Москве?
_____

c Вы разговаривали по телефону с наш**им** инженер**ом**?
_____

d Вы знакомы с мо**им** брат**ом**?
_____

e Вы знакомы с мо**ей** жен**ой**?
_____

f Ты давно не виделся с наш**им** отц**ом**?
_____

COMMUNICATIVE PRACTICE

1 Answer the questions. Ответьте на вопросы.

MODEL: — С кем вы ходили в театр? | подруга
— С подруг**ой**.

a	С кем вы встре́тились в университе́те?	студе́нт
b	С кем Мари́на е́здила в Пари́ж?	друг
c	С кем вы разгова́ривали на конфере́нции?	журнали́ст
d	С кем сове́товались вчера́?	программи́ст
e	С кем ча́сто ссо́рится Ната́ша?	сестра́

2 Answer the questions, using the words given on the right. Отве́тьте на вопро́сы, испо́льзуя слова́, да́нные спра́ва.

MODEL: — С кем вы говори́ли сейча́с? | мой брат
— Я говори́л сейча́с с мои́м бра́том. |

a	С кем вы поздоро́вались?	моя́ сестра́
b	С кем вы обы́чно хо́дите в теа́тр?	мой друг
c	С кем вы хоти́те посове́товаться?	наш профе́ссор
d	С кем вы хоти́те познако́миться?	э́та студе́нтка
e	С кем вы хоти́те поговори́ть?	э́тот студе́нт

3 Answer the questions. Отве́тьте на вопро́сы.

a С кем вы бы́ли в теа́тре?
(мой муж)

___

b С кем вы встре́тились вчера́ в рестора́не?
(наш хоро́ший друг)

___

c С кем вы познако́мились в Москве́?
(её сестра́)

___

d С кем вы лю́бите игра́ть в ша́хматы?
(моя́ тётя)

___

UNIT 12

e С кем вы бы́ли на презента́ции?
(ваш партнёр)

_____

4 Answer the questions, using the words given on the right. Отве́тьте на вопро́сы, испо́льзуя слова́, да́нные спра́ва.

MODEL: — С каки́м студе́нтом вы разгова́ривали сейча́с?
— Я разгова́ривал с **на́шим но́вым студе́нтом**.

a С каки́м студе́нтом разгова́ривает профе́ссор?
но́вый

b С каки́м журнали́стом вы познако́мились в Москве́?
изве́стный

c С каки́м преподава́телем вы посове́туетесь?
ста́рый

d С како́й студе́нткой разгова́ривает профе́ссор?
но́вая

e С како́й де́вушкой вы ходи́ли на вы́ставку?
молода́я, краси́вая

f С како́й журнали́сткой он познако́мился в Пари́же?
францу́зская

5 Answer the questions. Отве́тьте на вопро́сы.

MODEL: — Ла́мпа над столо́м?
— Да, ла́мпа над столо́м.

a Ко́шка под столо́м?
b Стул пе́ред столо́м?
c Дива́н за столо́м?
d Соба́ка ря́дом со столо́м?

6 Where are the following objects. Скажите, где находятся предметы.

солнце
дом
школа
машина
цветы

SKILLS WORK

Writing

1 Write the sentences, using the required pronoun. Перепишите предложения, вставив пропущенные местоимения.

a | Мой друг живёт в Лондоне. Я давно не видел _____. Иногда _____ пишет мне письма. Вчера ___ получил письмо из Лондона. Мой друг всегда пишет длинные и интересные письма. Сегодня мне надо ответить _____. Я очень хочу поехать _____ летом.

b | У меня есть сестра. ___ зовут Марина. ___ двадцать семь лет. _____ работает в университете. Сегодня я буду ждать _____ в шесть часов. _____ пойдём в театр с _____.

UNIT 12   245

c Это новый студент. Я с _____ не знакома. Я знаю, как _____ зовут, сколько _____ лет, и где _____ живёт. Я встретила _____ в библиотеке.

2 Write a short letter to your friend and describe a room where you live now. Use prepositions: **под, перед, за, рядом, с, над**. Напишите короткое письмо своему другу и опишите комнату, в которой сейчас живете. Используйте предлоги: **под, перед, за, рядом, с, над**.

_____
_____
_____
_____
_____

Reading

1 Read and translate the text. Прочитайте и переведите текст.

Добрый вечер! Меня зовут Марина. Я расскажу вам о моём муже. Его зовут Игорь. Мы познакомились с ним в театре. Его место было рядом с моим. Спектакль был очень длинный и нам не понравился. После спектакля я пошла домой, а он пошёл за мной. Но я его не видела. Поэтому утром, когда он поздоровался со мной на улице, я очень удивилась. Я начала встречаться с ним каждый день, потому что он мне очень понравился. Мне никогда не было с ним скучно, и мы никогда не ссорились с ним. Я посоветовалась с мамой и решила выйти за него замуж. Интересно, что он думает об этом?

2 Answer the questions. Ответьте на вопросы.

a Как её зовут?
b О ком она рассказывает?
c Как зовут её друга?
d Где они познакомились?
e С кем она поздоровалась на следующее утро?
f Почему она начала встречаться с ним каждый день?
g Она с ним ссорилась?
h Ей было с ним скучно?
i С кем она посоветовалась?
j Что она решила сделать?
k Что он думает об этом?

TRANSFER

Read the page from your diary and say whom, when and where you have to meet. Прочитайте страничку из вашего ежедневника и скажите, где, когда и с кем вам надо встретиться.

Понедельник	9.00 Директор, офис 19.00 Марина, Большой театр	Четверг	9.00 Профессор из Канады, конференция
Вторник	10.00 Клиент из Швеции, экскурсия в Кремль 18.00 Ужин, Марина, клиент из Швеции, ресторан «Метрополь»	Пятница	19.00 Сын, Старый цирк
Среда	9.00 Журналист, офис 13.00 Сестра, клиника	Суббота	10.00 Партнёр, теннисный корт 20.00 Марина, дискотека
		Воскресенье	10.00 Игорь, кафе 16.00 Мама, её дом

UNIT 12   247

EVERYDAY RUSSIAN

T53 **1** Read and listen. Читайте и слушайте.

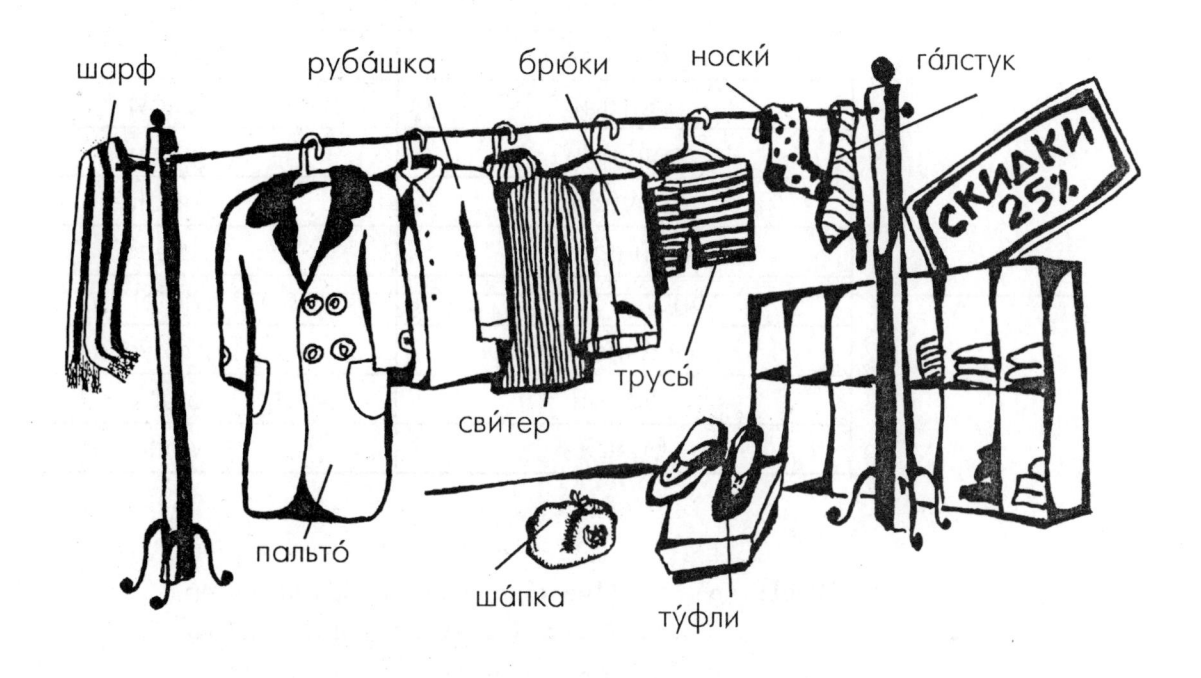

шарф рубашка брюки носки гáлстук
трусы́
сви́тер
пальто́
шáпка
ту́фли

СКИДКИ 25%

T53 **2** Listen and repeat. Слушайте и повторяйте.

T53 **3** Listen and tick (✓) the words you hear. Слушайте и отмечайте те слова, которые вы услышали.

брю́ки ✓	руба́шка	пальто́	сви́тер
шарф	ша́пка	носки́	трусы́
га́лстук			

4 Say the name of the things your teacher shows. Скажите, как называются предметы, которые показывает преподаватель.

5 Work in pairs. Use the model. Работайте в парах. Используйте модель.

Memorise

COLOURS

красный	red
оранжевый	orange
жёлтый	yellow
зелёный	green
голубой	light blue
синий	blue
фиолетовый	violet
коричневый	brown
чёрный	black
белый	white

MODEL: a — Мне надо купить красный свитер.
— А мне надо купить чёрный шарф.
b — Мне нравится зелёный галстук.
— А мне нравится синий галстук.

DRILL

1

	SINGULAR		PLURAL
	MASCULINE	FEMININE	
NOMINATIVE	Брат преподаватель	сестра Джулия	сёстры преподаватели
INSTRUMENTAL	играть с братом разговаривать с преподавателем	играть с сестрой разговаривать с Джулией	играть с сёстрами разговаривать с преподавателями
INSTRUMENTAL ENDING	MASCULINE -ом (-ем) С кем? With whom?	FEMININE -ой (-ей) С кем? With whom?	-ами (-ями) С кем? With whom?

UNIT 12

2 VERBS AFTER WHICH THE INSTRUMENTAL WITH THE PREPOSITION С IS USED:

разгова́ривать — to talk встреча́ться/встре́титься — to meet здоро́ваться/поздоро́ваться — to exchange greetings сове́товаться/посове́товаться — to ask advice of ссо́риться/поссо́риться — to quarrel знако́миться/познако́миться — to become acquainted	С КЕМ?

3 THE INSTRUMENTAL CASE OF PRONOUNS

NOMINATIVE	INSTRUMENTAL
Кто?	С кем?
я	со мной
ты	с тобо́й
он	с ним
она́	с ней
мы	с на́ми
вы	с ва́ми
они́	с ни́ми

4 THE INSTRUMENTAL CASE OF ADJECTIVES AND POSSESSIVE PRONOUNS

●	SINGULAR			
	Кто? Како́й? Who? Which?		Кто? Кака́я? Who? Which?	
NOMINATIVE	Мой Твой Наш Ваш Этот	но́вый друг	Моя́ Твоя́ На́ша Ва́ша Эта	но́вая подру́га
INSTRUMENTAL	Разгова́ривать с мои́м твои́м на́шим ва́шим э́тим	но́вым дру́гом	Разгова́ривать с мое́й твое́й на́шей ва́шей э́той	но́вой подру́гой
INSTRUMENTAL ENDING	MASCULINE -ЫМ (-ИМ) С кем? With whom? С каки́м? With what (kind of)?		FEMININE -ОЙ (-ЕЙ) С кем? With whom? С како́й? With what (kind of)?	

VOCABULARY

бéлый — white
брюки — trousers
вмéсте — together
встречáться/встрéтиться — to meet
вы́йти зáмуж — to marry
гáлстук — tie
голубóй — blue
дéвушка — girl
éсли — if
жёлтый — yellow
за — behind
здорóваться/поздорóваться —
                 to exchange greetings
знакóм (а, ы) — to be acquainted
знакóмиться/познакóмиться —
                 to become acquainted
кем? — as whom?
корѝчневый — brown
крáсный — red
лáмпа — lamp
мéсто — seat
молодóй — young
мочь/смочь — to can
над — above
носкѝ — socks
одевáться — to get dressed
орáнжевый — orange

останóвка — (bus) stop
пальтó — coat
пéред — in front
под — under
разговáривать — to talk
рубáшка — shirt
рýдом с — beside
с — with
свѝтер — sweater
сѝний — blue
с кем? — with whom?
скýчно — it is boring
совéтоваться/посовéтоваться —
                 to advice with somebody
сóлнце — sun
ссóриться/поссóриться — to quarrel
талáнтливый — talented
тéннисный корт — tennis court
трусы́ — shorts, pants
тýфли — shoes
удивѝться — to be surprised
фиолéтовый — violet
чёрный — black
шáпка — cap
шарф — scarf
шкóла — school

Review 3

1 Use the verb of the required aspect in the future tense. Используйте глагол нужного вида в форме будущего времени.

    a   **Гото́вить — пригото́вить**

Сейча́с Мари́на _____ обе́д. Когда́ она́ _____ обе́д, она́ бу́дет чита́ть детекти́в.

    b   **Повторя́ть — повтори́ть**

Ве́чером студе́нты _____ но́вые слова́. Когда́ они _____ но́вые слова́, они́ поу́жинают.

    c   **Расска́зывать — рассказа́ть**

В суббо́ту ты _____ мне об о́тпуске в А́нглии. Когда́ ты _____, мы пойдём у́жинать.

    d   **Отдыха́ть — отдохну́ть**

По́сле рабо́ты я _____. Я немно́го _____ и бу́ду повторя́ть но́вые слова́.

2 Replace the past tense by the future. Измените предложения по образцу, используя глаголы в форме будущего времени.

MODEL: Мы пообе́дали и пошли́ в теа́тр.
             Мы пообе́даем и пойдём в теа́тр.

a   Я написа́л жене́ письмо́ и отпра́вил его́ в сре́ду.
b   Он взял слова́рь и посмотре́л но́вые слова́.
c   Я реши́л все пробле́мы на рабо́те и пое́хал в о́тпуск.
d   В воскресе́нье снача́ла мы сыгра́ли в те́ннис, а пото́м посмотре́ли но́вый фильм.
e   В пя́тницу мы бы́ли на презента́ции, а пото́м пое́хали в теа́тр.

3 Complete the sentences, using the words given on the right. Зако́нчите предложе́ния, испо́льзуя слова́, да́нные спра́ва.

a	Э́то фотоаппара́т _____.	мой оте́ц
b	Э́то кни́ги _____.	мой брат
c	Э́то маши́на _____.	наш но́вый партнёр
d	Э́то зада́ча _____.	ваш ме́неджер
e	Э́то авто́бус _____.	на́ша компа́ния
f	Э́то пода́рок _____.	мой друг
g	Э́то муж _____.	моя́ сестра́

4 Answer the questions, using the words given in brackets. Отве́тьте на вопро́сы, испо́льзуя слова́, да́нные в ско́бках.

a   Чью ле́кцию вы слу́шали в университе́те?
(Ста́рый америка́нский профе́ссор)

b   Чьё интервью́ вы слу́шали по ра́дио?
(Молодо́й тала́нтливый программи́ст)

c   Чей зонт вы ви́дели в о́фисе?
(Но́вый клие́нт)

d   Чью исто́рию вы чита́ете в газе́те?
(Изве́стный росси́йский журнали́ст)

e   Чей пода́рок вы получи́ли в сре́ду?
(Ста́рая подру́га)

5 Answer the questions, as in the model. Ответьте на вопросы, используя модель.

MODEL: Где Марина была вчера? | ресторан
Куда она ходила?
Откуда она пришла?

Вчера Марина была **в ресторане**.
Она ходила **в ресторан**.
Она пришла **из ресторана**.

a Куда Игорь ездил вчера? | театр
Где он был вчера?
Откуда он приехал вчера вечером?

b Куда вы идёте? | университет
Где вы были?
Откуда вы идёте?

c Куда вы ездили летом? | Новая Зеландия
Где вы отдыхали?
Откуда вы приехали?

d Куда ты ходил утром? | парк
Где ты был?
Откуда ты идёшь сейчас?

e Куда поедет летом ваш партнёр? | Лондон
Где жил в январе ваш партнёр?
Откуда он получает письма?

6 Make up sentences, as in the model. Составьте предложения по образцу.

MODEL: Москва
Москва — столица России.

Париж, Лондон, Варшава, Берлин, Токио, Пекин, Рим

7 Complete the sentences, using the words given on the right. Закончите предложения, используя слова, данные справа.

a	В нашем городе много _____.	большие проспекты и улицы
b	Зимой я посмотрел много _____.	спектакли
c	На выставке мне понравилось несколько _____.	картины
d	На уроке математики студенты решили несколько _____.	задачи
e	Сегодня я купил много _____.	фрукты

8 Answer the questions. Ответьте на вопросы.

a Сколько раз вы были в театре?
b Сколько лет вашей собаке?
c Сколько часов вы ждали поезд?
d Сколько человек работает в вашем офисе?
e Сколько стоит ваша рубашка?
f Сколько лет вашему другу?

9 Use the words given on the right in the required case. Используйте слова, данные справа, в нужном падеже.

MODEL: ___ надо купить газету. | я
Мне надо купить газету.

a	_____ надо поиграть с братом.	она
b	_____ надо посоветоваться с отцом.	он
c	_____ надо встретиться.	мы

d	_____ на́до прочита́ть рома́н.	вы
e	_____ мо́жно пойти́ в теа́тр?	они́
f	_____ нельзя́ кури́ть.	ты

10 Complete the sentences, using the words on the right. Зако́нчите предложе́ния, испо́льзуя слова́, да́нные спра́ва.

a Я весь ве́чер не ви́дел _____.
Ле́том я е́здил _____.
Вчера́ я говори́л _____.   друг
За́втра ко мне прие́дет _____.
Я хочу́ рассказа́ть вам _____.

b Мари́на помога́ет _____.
Она́ была́ в музе́е _____.
Она́ ждёт _____.   сестра́
Мари́на получи́ла телегра́мму _____.
Она́ написа́ла мне _____.

c Мне на́до посове́товаться _____.
Я жду _____.
В сре́ду я пойду́ _____.   до́ктор
За́втра я встреча́юсь _____.
Мне нра́вится э́тот _____.

11 Use the required forms of the words given in brackets. Испо́льзуйте слова́, да́нные в ско́бках, в пра́вильной фо́рме.

a Мы ре́дко ви́дим (он и она́).
b Вы ча́сто говори́те с (она́)?
c Вы зна́ете (они́)?
d Где вы познако́мились с (они́)?
e Вы ча́сто звони́те (он)?

f Можно (я) прийти к (вы) завтра?

g Ты пойдёшь с (я) в театр?

h Мама посоветовала (я) купить эти брюки.

12 Answer the questions, using the required forms of the words given on the right. Ответьте на вопросы, используя слова, данные справа.

a Кого вы видели на выставке?
С кем вы разговаривали на выставке?
Кто взял у вас интервью?
Кому вы расскажете о работе?
Чьи книги вы читали?
О ком писали газеты?

известный американский журналист

b Кто звонил вам?
Кого вы ждёте?
С кем вы поссорились?
Кому вы помогаете?
Чья это книга?
О ком вы рассказываете?

старый друг

c Кому вы пишете письмо?
С кем вы были на концерте?
Чей это журнал?
О ком говорили по радио?
Кто позвонил вам вчера?
Кого вы ждёте?

новая подруга

13 Use the verbs **идти — ходить** or **ехать — ездить** in the required form. Вставьте пропущенные глаголы **идти — ходить** или **ехать — ездить** в правильной форме.

a Вчера мой партнёр _____ в театр. Когда он _____ в театр, он встретил в метро моего брата.

REVIEW 3

b Ка́ждый день я _____ на рабо́ту на авто́бусе и́ли на тролле́йбусе. Обра́тно я обы́чно _____ на метро́.

c Она́ лю́бит _____ на велосипе́де. Обы́чно она́ _____ на велосипе́де о́чень бы́стро. Вчера́ она́ _____ в центр к подру́ге на маши́не.

d Ка́ждое воскресе́нье я _____ к сестре́. Вчера́ я то́же _____ к ней.

e Мы ча́сто _____ в библиоте́ку. Обы́чно мы _____ на метро́, но вчера́ мы _____ на такси́, потому́ что бы́ло о́чень хо́лодно.

14 Match the clothes listed below with the numbers from the diagram. The first one is done for you. Определите, как называются предметы одежды, обозначенные номерами.

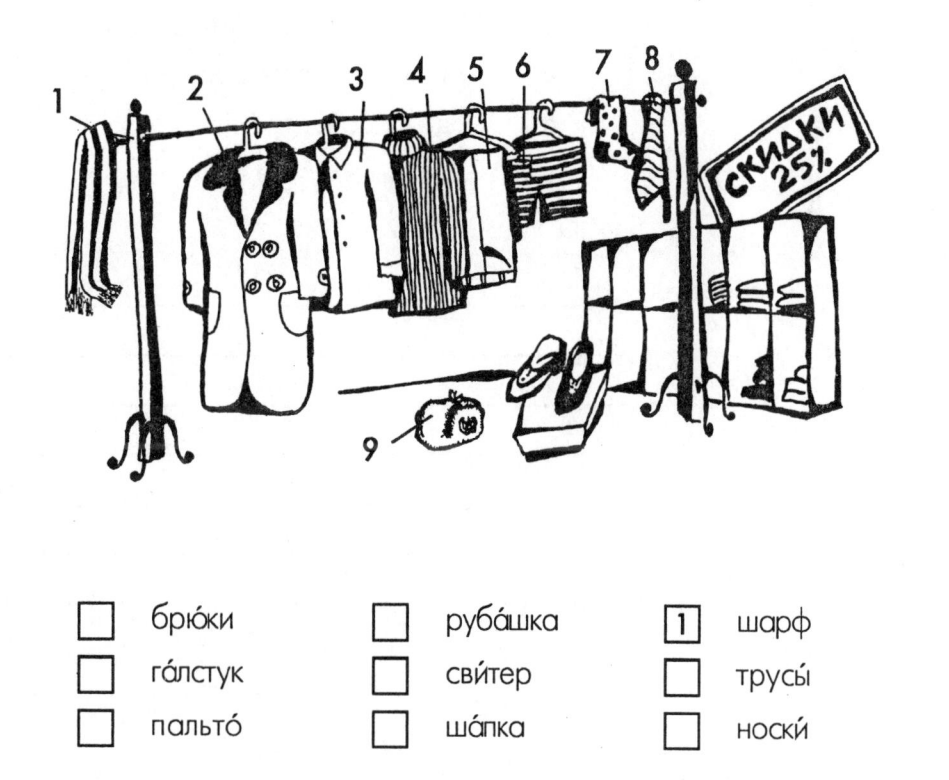

☐ брю́ки	☐ руба́шка	☐1☐ шарф
☐ га́лстук	☐ сви́тер	☐ трусы́
☐ пальто́	☐ ша́пка	☐ носки́

15 Match the kitchen equipment listed below with the numbers from the diagram. The first one is done for you. Определите, как называются предметы кухонной утвари, обозначенные номерами.

- [ ] плита
- [ ] стул
- [ ] ло́жка
- [1] нож
- [ ] ча́йник
- [ ] стол
- [ ] ча́шка
- [ ] ви́лка
- [ ] таре́лка

16 Answer the following questions. Write doqwn the answers. Письменно ответьте на следующие вопросы.

a Куда́ вы е́здили ле́том?
b С кем вы е́здили в о́тпуск?
c Когда́ вы пое́дете в о́тпуск?
d Куда́ вы пое́дете?
e С кем вы пое́дете в о́тпуск?

_____
_____
_____
_____
_____
_____

VOCABULARY

А

а — and, but (1)
а́вгуст — August (4)
автобу́с — bus (10)
автомоби́ль — car (4)
автомоби́льный — car (5)
а́втор — author (10)
аге́нт — agent (6)
а́дрес — address (3)
америка́нец — American (man) (2)
америка́нка — American (woman) (2)
америка́нский — American (4)
англича́нин — Englishman (2)
англича́нка — Englishwoman (2)
А́нглия — England (3)
апельси́н — orange (6)
апре́ль — April (4)
апте́ка — pharmacy (1)

Б

ба́бушка — grandmother (11)
бале́т — ballet (6)
бана́н — banana (6)
банк — bank (1)
бе́лый — white (12)
Берли́н — Berlin (3)
библиоте́ка — library (7)
бизнесме́н — businessmen (6)
биле́т — ticket (11)
боли́т: Что у вас боли́т? — What hurts? (8)
большо́й — big (3)
брат — brother (5)
брать/взять — to take (11)
брю́ки — trousers (12)
был бо́лен — was ill (7)
был за́нят — was busy (7)
бы́стро — fast (2)
быть — to be (7)

В

в — in (3)
ва́нная — bathroom (7)
ваш, ва́ша, ва́ше, ва́ши — your (5)
вегетариа́нка — vegetarian (6)
велосипе́д — bicycle (5)

весна — spring (4)
весь — all (8)
вечером — in the evening (7)
видеть — to see (7)
вилка — fork (9)
вино — vine (5)
вместе — together (12)
вода — water (6)
«Война и мир» — «War and peace» (8)
вопрос — question (3)
восемнадцать — eighteen (3)
восемь — eight (2)
восемьдесят — eighty (5)
воскресенье — Sunday (6)
время — time (5)
время года — season (4)
всегда — always (7)
встреча — meeting (9)
встречаться/встретиться — to meet (12)
вторник — Tuesday (6)
вчера — yesterday (7)
вы — you (1)
выйти замуж — to marry (12)
выставка — exhibition (7)

Г

газета — newspaper (1)
галерея — gallery (7)
галстук — tie (12)
гараж — garage (10)
где — where (3)
главный — main (11)

глаз — eye (8)
говорить — to speak (2)
год — year (8)
голова — head (8)
голубой — blue (12)
гора — mountain (3)
город — city (3)
господин — mister, gentlemen (10)
гостиная — living room (7)
гостиница — hotel (1)
гость — guest (10)
готовить/приготовить — to prepare (9)
громко — loud (2)
грудь — chest (8)
группа — group (10)
грустно — sad (11)

Д

да — yes (1)
давать/дать — to give (11)
давно — long time ago (6)
дарить/подарить — to present (11)
дача — country house, cabin (5)
два — two (2)
двадцать — twenty (3)
двенадцать — twelve (3)
девочка — girl (6)
девушка — girl (12)
девяносто — ninety (5)
девятнадцать — nineteen (3)
девять — nine (2)
декабрь — December (4)

VOCABULARY

делать — to do (2)
дело — business (3)
день — day (1)
день рождения — birthday (11)
десять — ten (2)
детектив — crime story (7)
дети — children (5)
детская — nursery (7)
джаз — jazz (7)
диван — sofa (7)
диктант — dictation (9)
директор — director (1)
дискотека — disco (9)
длинный — long (10)
днём — during the day (7)
Доброе утро — good morning (1)
доктор — doctor (6)
документ — document (3)
долго — for a long time (4)
дом — house (3)
дома — at home (8)
дочь — daughter (5)
друг — friend (2)
другой — other (9)
думать — to think (4)

Е

его — his (5)
еда — food (6)
её — her (5)
ездить — to go (ride), to drive (11)
если — if (12)

ехать — to go (ride), to drive (11)
ещё — still, yet (7)

Ж

ждать — to wait (6)
жёлтый — yellow (12)
жена — wife (5)
женщина — women (6)
живот — stomach, belly (8)
жить — to live (3)
журнал — magazine (3)
журналист — journalist (male) (2)
журналистка — journalist (female) (2)

З

за — behind (12)
забывать/забыть — to forget (10)
завод — plant (3)
завтракать — to have breakfast (7)
задание — (home) work (9)
задача — problem, sum, task (8)
зал — hall (7)
замечательный — wonderful (10)
звонить/позвонить — to call (phone) (10)
здесь — here (2)
здороваться/поздороваться — to exchange greetings (12)
Здравствуйте — hello (1)
зелёный — green (10)
зима — winter (4)
знаком (а, ы) — to be acquainted (12)

знакомиться/познакомиться — to become acquainted (12)
знать — to know (5)
зонт — umbrella (5)

И

и — and (2)
играть — to play (7)
идти — to go (11)
из — from (10)
известный — famous (11)
извините — excuse me (1)
изучать — to study (7)
или — or (7)
инженер — engineer (1)
иногда — sometimes (7)
институт — institute (3)
интервью — interview (11)
интересный — interesting (3)
информация — information (10)
исторический — historical (7)
история — history (6)
итальянский — Italian (4)
их — their (5)
июль — July (4)
июнь — June (4)

К

кошка — cat (5)
каждый — every (8)
как — how (2)
какой, -ая, -ое, -ие — which, what (3)
карандаш — pencil (5)
каталог — catalogue (1)
кафе — cafe (2)
квартира — flat (3)
кем? — as whom? (12)
Киев — Kiev (3)
кинотеатр — cinema (7)
классический — classical (6)
клиент — client (1)
клиника — hospital (3)
клуб — club (7)
ключ — key (5)
книга — book (1)
ковёр — carpet (7)
когда — when (4)
кока-кола — Coca Cola (6)
колбаса — sausage (6)
коллега — colleague (3)
компания — company (3)
кому? — to whom? (11)
конверт — envelope (3)
консерватория — conservatory (7)
контракт — contract (5)
конференция — conference (9)
концерт — concert (7)
концертный — concert (7)
кончать/кончить — to end (8)
корреспондент — correspondent (10)
коричневый — brown (12)
кофе — coffee (6)
красивый — beautiful (10)

VOCABULARY

Красная площадь — Red Square (1)
красный — red (12)
Кремль — Kremlin (7)
кресло — chair (7)
кроссворд — crossword (8)
кто — who (1)
курить — to smoke (11)
кухня — kitchen (7)

Л

лампа — lamp (12)
«Лебединое озеро» — «Swan lake» (9)
лёгкий — light, easy (3)
лекция — lecture (4)
лето — summer (4)
Ливерпуль — Liverpool (3)
ложка — spoon (9)
Лондон — London (1)
любимый — favourite (4)
любить — to like, to love (6)
люди — people (5)

М

магазин — shop (1)
май — may (4)
маленький — small (3)
мало — a few (10)
мальчик — boy (6)
марка — stamp (3)
март — march (4)

математика — mathematics (8)
машина — car (3)
медленно — slowly (2)
менеджер — manager (8)
место — seat (12)
месяц — month (7)
метро — subway (2)
мечтать — to dream (4)
много — many (3)
можно — one may (11)
мой, моя, моё, мои — my (5)
молодой — young (12)
молоко — milk (6)
море — sea (3)
Москва — Moscow (1)
мочь/смочь — to can (12)
муж — husband (11)
мужчина — men (6)
музей — museu m (3)
мы — we (1)
мясо — meet (6)

Н

на — on (3)
над — above (12)
надо — it is necessary (11)
напитки — drinks (6)
начинать/начать — to start (8)
наш, наша, наше, наши — our (5)
не — not (1)
недавно — not for a long time (3)
неделя — week (4)

недо́лго — not for a long (8)
нельзя́ — it is impossible, it is not allowed (11)
неме́цкий — German (6)
немно́го — a little (3)
не́сколько — few (10)
нет — no (1)
никогда́ — never (7)
но — but (3)
но́вость — news (3)
но́вый — new (3)
Но́вый год — New year (4)
нога́ — leg, foot (8)
нож — nife (9)
но́мер — number (3)
нос — nose (8)
носки́ — socks (12)
ночь — night (2)
ноя́брь — November (4)
нра́виться/понра́виться — to like (11)

О

о (об, о́бо) — about (4)
обе́д — dinner (7)
обе́дать — to have dinner (7)
обеща́ть/пообеща́ть — to promise (11)
обы́чно — usually (4)
обяза́тельно — definitely (9)
огро́мный — huge (3)
одева́ться — to get dressed (12)
оди́н — one (2)
оди́ннадцать — eleven (3)
окно́ — window (3)

октя́брь — October (4)
он — he (1)
она́ — she (1)
они́ — they (1)
оно́ — it (1)
о́пера — opera (6)
ора́нжевый — orange (12)
о́сень — autumn (4)
остано́вка — (bus) stop (12)
отве́т — answer (8)
отвеча́ть/отве́тить — to answer (8)
отдыха́ть — to rest (2)
оте́ц — farther (10)
отку́да — where from (10)
отли́чный — perfect (7)
о́тпуск — vacation (4)
о́фис — office (7)
о́чень — very (2)
о́чень прия́тно — pleased to meet you (3)

П

па́лец — finger (8)
пальто́ — coat (12)
Пари́ж — Paris (3)
парк — park (3)
партнёр — partner (3)
па́спорт — passport (3)
пе́рвый — first (3)
пе́ред — in front (12)
пи́во — beer (6)
писа́ть — to write (4)
письмо́ — letter (1)

план — plan (11)
плита́ — stove (9)
пло́хо — bad (2)
плохо́й — bad (3)
по-ара́бски — in Arabic (2)
по-испа́нски — in Spanish (2)
по-неме́цки — in German (2)
по-ру́сски — in Russian (2)
по-францу́зски — in French (2)
по-япо́нски — in Japanese (2)
повторя́ть/повтори́ть — to repeat (9)
пого́да — weather (4)
под — under (12)
пода́рок — present (11)
подру́га — girlfriend (6)
по́езд — train (11)
пожа́луйста — please (1)
пока́зывать/показа́ть — to show (11)
покупа́ть/купи́ть — to buy (11)
поли́тика — policy (4)
получа́ть/получи́ть — to receive (10)
помога́ть/помо́чь — to help (11)
понеде́льник — Monday (6)
понима́ть — to understand (6)
после́дний — last (3)
посо́льство — embassy (5)
пото́м — 1) after, later (7); 2) then (9)
потому́ что — because (3)
почему́ — why (3)
по́чта — post-office (1)
поэ́тому — so, that's why (8)
пра́вильно — correct (2)
презента́ция — presentation (7)

президе́нт — president (3)
прекра́сный — wonderfull (3)
преподава́тель — teacher (2)
прие́хать — to come (ride), to arrive (10)
прийти́ — to come (10)
пробле́ма — problem (3)
програ́мма — programme (5)
программи́ст — programmist (2)
проду́кты — food (1)
проси́ть/попроси́ть — to ask for (8)
проспе́кт — prospect (3)
пятна́дцать — fifteen (3)
пя́тница — Friday (6)
пять — five (2)
пятьдеся́т — fifty (5)

Р

рабо́та — job (3)
рабо́тать — to work (2)
ра́дио — radio (2)
раз — time (10)
разгова́ривать — to talk (12)
ра́но — early (9)
расска́зывать/рассказа́ть — to tell (11)
ребёнок — child (5)
ре́дко — rare (8)
режиссёр — producer (11)
результа́т — result (10)
рестора́н — restaurant (1)
реша́ть/реши́ть — 1) to decide (11); 2) to solve (8)
роди́тели — parents (5)
Рождество́ — Christmas (4)

роль — role (11)
рома́н — novel (5)
росси́йский — Russian (4)
Росси́я — Russia (3)
рот — mouth (8)
руба́шка — shirt (12)
рубль — rouble (2)
рука́ — arm (8)
ру́сский — Russian (3)
ру́чка — pen (1)
ры́ба — fish (4)
ря́дом с — beside (12)

С

с — with (12)
с кем? — with whom? (12)
сви́тер — sweater (12)
сего́дня — today (4)
сейча́с — now (2)
секре́т — secret (4)
секрета́рь — secretary (1)
семна́дцать — seventeen (3)
семь — seven (2)
се́мьдесят — seventy (5)
семья́ — family (2)
сентя́брь — September (4)
серьёзный — serious (9)
Сиби́рь — Siberia (3)
сигаре́ты — cigarettes (5)
си́ний — blue (12)
сказа́ть — to say (8)
ско́лько — how many (10)

ску́чно — it is boring (12)
сла́дкий — sweet (6)
слу́шать — to listen (6)
смешно́й — funny (6)
смотре́ть — to look, to watch (6)
снача́ла — first (9)
соба́ка — dog (4)
сове́товаться/посове́товаться —
          to advice with somebody (12)
сок — juice (6)
со́лнце — sun (12)
со́рок — forty (5)
спа́льня — bedroom (7)
спаси́бо — thank you (1)
спекта́кль — performance (6)
спина́ — back (8)
спорт — sport (4)
спра́шивать/спроси́ть — to ask (8)
среда́ — Wednesday (6)
ссо́риться/поссо́риться — to quarrel (12)
стадио́н — stadium (7)
ста́рый — old (3)
стихи́ — poetry (11)
сто — hundred (5)
стол — table (1)
столи́ца — capital (10)
страна́ — country (3)
студе́нт — student (male) (2)
студе́нтка — student (female) (2)
стул — chair (1)
сты́дно — it is shame (11)
суббо́та — Saturday (6)
сувени́р — souvenir (5)

VOCABULARY

сын — son (5)
сюрприз — surprise (7)

Т

так — so, so much (4)
такси — taxi (11)
талантливый — talented (12)
там — there (7)
тарелка — plate (9)
твой, твоя, твоё, твои — your (5)
театр — theatre (3)
телевизор — television set (5)
телеграмма — telegram (5)
телефон — telephone (1)
теннис — tennis (6)
теннисный корт — tennis court (12)
тетрадь — notebook (5)
тётя — aunt (11)
тихо — quiet (2)
тоже — also, too (3)
торт — cake (1)
трамвай — tram (2)
три — three (2)
тридцать — thirty (5)
тринадцать — thirteen (3)
троллейбус — trolley-bus (10)
трудный — difficult (3)
трусы — shorts, pants (12)
туалет — lavatory (7)
турист — tourist (10)
туфли — shoes (12)
ты — you (1)

тысяча — thousand (10)

У

удивиться — to be surprised (12)
уже — already (3)
ужин — supper (7)
ужинать — to have supper (7)
улица — street (3)
университет — university (3)
упражнение — exercise (2)
урок — lesson, class (5)
утром — in the morning (7)
ухо — ear (8)
учебник — textbook (5)
учить/выучить — to learn (9)

Ф

февраль — February (4)
фильм — film (3)
фиолетовый — violet (12)
фирма — firm (2)
фотоаппарат — camera (5)
футбол — soccer (4)

Х

ходить — to go (11)
холодно — it is cold (11)
хороший — good (3)

хорошо́ — well, good (2)
хоте́ть — to want (5)

Ц

цветы́ — flowers (7)
центр — centre (3)
цирк — circus (7)

Ч

чай — tea (6)
ча́йник — teapot, kettle (9)
час — hour (8)
ча́сто — often (8)
ча́шка — cup (9)
чей, чья, чьё, чьи — whose (5)
челове́к — person (5)
чёрный — black (12)
четве́рг — Thursday (6)
четы́ре — four (2)
четы́рнадцать — fourteen (3)
чита́ть — to read (4)
что — 1) that (cj) (2); 2) what (1)

Ш

ша́пка — cap (12)
шарф — scarf (12)
ша́хматы — chess (7)
швейца́рский — Swiss (6)
шестна́дцать — sixteen (3)
шесть — six (2)
шестьдеся́т — sixty (5)
ше́я — neck (8)
шко́ла — school (12)
шокола́д — chocolate (6)

Э

эконо́мика — economy (4)
экску́рсия — excursion (7)
э́ти — these (10)
э́то — this (1)
э́тот, э́та, э́то — that (10)

Я

я — I (1)
язы́к — language, tongue (5)
янва́рь — January (4)

KEY TO THE EXERCISES

INTRODUCTORY UNIT

7 1-е; 2-г; 3-б; 4-д; 5-а; 6-в.

UNIT 1

Communicative Practice

7
a Это стол. Что это?
b Это стул. Что это?
c Это газета. Что это?
d Это ручка. Что это?
e Это дирéктор. Кто это?
f Это клиéнт. Кто это?
g Это секретáрь. Кто это?

9 Её зовýт Натáша.
Её зовýт Марина.
Его́ зовýт Джон.
Его́ зовýт Ганс.

Skills work

Reading

4
a я;
b он;
c онá.

Writing

1 A А вас?
B А тебя́? Меня́ зовýт Джон.

Everyday Russian

3 1 — банк, 2 — по́чта, 3 — магазин, 4 — письмо́, 5 — рýчка, 6 — дирéктор, 7 — газéта, 8 — телефóн, 9 — секретáрь.

UNIT 2

Presentation

3 он: ресторáн, американец, магазин, банк, англичáнин, телефóн, дирéктор, Ло́ндон, студéнт.

онá: студéнтка, газéта, аптéка, англичáнка, книга, гостиница, по́чта, журналистка, рýчка, американка.

оно́: письмо́, кафé, метро́, ýтро, рáдио.

4 1-6-3-5-4-2

10 Я рабо́таю. Онá говори́т. Он рабо́тает. Мы рабо́таем. Ты говори́шь. Они́ рабо́тают.

12 a Он говорит.
    b Она́ отдыха́ет.
    c Они́ рабо́тают.

13 a Что он де́лает?
    b Что вы де́лаете?
    c Что они́ де́лают?
    d Что ты де́лаешь?
    e Что де́лает Ви́ктор?

14 1-2-4-3

Communicative Practice

1   a рабо́тают, рабо́тают;
    b говори́т, говори́т;
    c говори́те, говорю́;
    d де́лаете, отдыха́ем.

5   a хорошо́;
    b ти́хо;
    c бы́стро.

UNIT 3

Presentation

4   a живу́;
    b живёт, живёт;
    c живёте;
    d живу́т;
    e живёшь.

7   a отдыха́ет;
    b отдыха́ют;
    c отдыха́ет;
    d отдыха́ете;
    e отдыха́ешь.

9   a Где вы живёте?
    b Сейча́с я живу́ в Москве́.
    c Я живу́ в Ло́ндоне, но рабо́таю в Москве́.
    d Где вы живёте в Москве́?
    e Я живу́ в це́нтре на у́лице Но́вый Арба́т.

10 маши́ны, телефо́ны, фи́рмы, клие́нты, рестора́ны, столы́, у́лицы, студе́нты, о́кна.

Communicative Practice

1   в, на.

3   1-7-5-2-4-3-6

5   жить в Москве́;
    говори́ть по-ру́сски;
    рабо́тать на заво́де;
    отдыха́ть в Пари́же.

6   в, на, в, на, в, в.

7   a Кака́я э́то газе́та?
    b Како́й э́то банк?
    c Каки́е э́то партнёры?
    d Како́е э́то окно́?
    e Како́е э́то письмо́?
    f Кака́я э́то компа́ния?
    g Како́й э́то дире́ктор?

8   a Э́то но́вая маши́на.
       Э́то но́вое де́ло.
       Э́то но́вые студе́нты.
    b Э́то большо́е письмо́?
       Э́то больша́я у́лица?
       Э́то больша́я фи́рма?
    c Э́то интере́сная но́вость?
       Э́то интере́сные фи́льмы?
       Э́то интере́сные газе́ты?

10 a Нет, э́то ста́рый музе́й.
    b Нет, э́то тру́дный вопро́с.
    c Нет, э́то плоха́я маши́на.
    d Нет, э́то неинтере́сный фильм.
    e Нет, э́то больша́я страна́.

KEY TO THE EXERCISES

12 a мéдленно;
     b хорóшая; прáвильно и хорошó;
     c трýдная;
     d трýдно;
     e плохи́е.

Skills work

Reading

1 в, в, хорошó, в.

Writing

1 a на;
    b на;
    c на;
    d в;
    e в.

2 ýлицы, пи́сьма, конвéрты, фи́рмы, завóды, óкна, докумéнты, газéты, журнáлы, проблéмы.

UNIT 4

Presentation

4 a о рабóте;
    b об институ́те;
    c о кли́нике;
    d о музéе;
    e о компáнии;
    f о дéле.

5 a óбо мне;
    b о нём;
    c о ней;
    d о нас;
    e óбо мне;
    f о вас.

6 a Да, онá читáет о них.
    b Да, онá говори́т о нём.
    c Да, он дýмает о ней.
    d Да, онá мечтáет о тебé.
    e Да, он пи́шет о вас.
    f Да, они́ говорят о них.

7 a О ком он дýмает?
    b О ком они́ говоря́т?
    c О чём э́та кни́га?
    d О ком э́та лéкция?
    e О ком онá пи́шет?
    f О чём онá читáет?
    g О чём онá мечтáет?

9 a нóвой;
    b большóй;
    c стáром;
    d мáленьком;
    e интерéсном.

Communicative Practice

1 a о;
    b об;
    c в;
    d о;
    e в;
    f о.

2 a об итальянском футбóле;
    b об америкáнском президéнте;
    c о нóвой рабóте;
    d о большóй семьé;
    e об огрóмном óтпуске.

4 Где они́ рабóтают?
    О чём они́ говоря́т?
    О чём они́ пи́шут и читáют?
    О чём мечтáет Кэ́рол?
    О чём он мечтáет?
    Где они́ обы́чно отдыхáют?

Review 1

1. Нет, это газета.
   Нет, это директор.
   Нет, это банк.

   Нет, это телефон.
   Нет, это Джулия.
   Нет, это Игорь.

2. a Что это?   f Что это?
   b Кто это?   g Что это?
   c Что это?   h Кто это?
   d Что это?   i Что это?
   e Кто это?   j Кто это?

3. A a живу;   B a пишу
      b живёт;   b пишет
      c живём;   c пишете
      d живёт;   d пишешь
      e живёте;   e пишут
      f живут;   g живёшь.

5. **Masculine**: футбол, секрет, музей, адрес, конверт, банк, номер, телефон.
   Feminine: компания, кошка, семья, газета, почта, марка, ручка, неделя, политика.
   Neuter: дело, окно.

6. a в Москве;   b о политике;
      на почте;   о президенте;
      в газете;   об отпуске;
      в центре;   о друге;
      в Англии.   о футболе.

7. a в;
   b на;
   c на;
   d в, на;
   e в;
   f на.

8. маленький театр
   лёгкое упражнение
   новое окно
   неинтересный музей
   маленький город.

9. a Это интересная книга.
   Это интересный журнал.
   Это интересное письмо.

   b Это большой дом.
   Это большое упражнение.
   Это большая компания.

   c Это новое окно.
   Это новые магазины.
   Это новая газета.

10. a тихо;
    b громко;
    c плохо;
    d неправильно.

11. a Как читают студенты?
    b Как Виктор читает?
    c Как они говорят по-английски?
    d Как Джон говорит по-русски?

12. a плохо, плохой;
    b интересно, интересный;
    c громко, громкая;
    d по-французски, французский.

13. a о нём и о ней;
    b о них;
    c о ней;
    d о тебе и обо мне;
    e о нас.

14. a в большом городе;
    b в старом доме;
    c на маленьком заводе;
    d в Новой Зеландии;
    e о хорошем американском театре.

KEY TO THE EXERCISES

15   a   О ком вы говорите?
     b   О чём читает Наташа?
     c   О чём они говорят?
     d   О чём вы мечтаете?
     e   О чём пишет Игорь?

16   a   в январе, в феврале и в марте;
     b   в апреле, в мае и в июне;
     c   в июле, в августе и в сентябре;
     d   в октябре, в ноябре и в декабре.

17   2   9   10
     19   3   7
     17   12   4
     13   8   5
     20

UNIT 5

Presentation

3   музеи   театры   компании
     фирмы   улицы   президенты
     марки   братья   страны
     кошки   заводы   письма
     люди   дома   стулья

5   моя   моё
     мой   мой

6   a   мой;
     b   моё;
     c   мой;
     d   мой.

7   a   Чья?
     b   Чьи?
     c   Чей?
     d   Чьё?
     e   Чей?

9   a   Что она хочет делать?
     b   Что вы хотите делать?
     c   Что он хочет делать?
     d   Что они хотят делать?

Communicative Practice

3   моя, мой, моя, моя, её.

4   a   У него есть дом.
     b   У тебя есть газета.
     c   У неё есть машина.
     d   У нас есть собака.
     e   У вас есть сестра.
     f   У них есть президент.

7   A   a   Нет, у меня нет газеты.
           b   Нет, у меня нет журнала.
           c   Нет, у меня нет ручки.
           d   Нет, у меня нет ключа.
           e   Нет, у меня нет собаки.
           f   Нет, у меня нет кошки.
           g   Нет, у меня нет письма.
           h   Нет, у меня нет каталога.

     B   a   У меня есть карандаш.
           b   У меня есть тетрадь.
           c   У меня есть телефон.
           d   У меня есть контракт.
           e   У меня есть телеграмма.
           f   У меня есть сувенир.
           g   У меня есть сын.
           h   У меня есть брат.

     C   a   Нет, у неё нет телефона.
           b   Нет, у них нет собаки.
           c   Нет, у него нет фотоаппарата.
           d   Нет, у неё нет велосипеда.
           e   Нет, у них нет журнала.
           f   Нет, у него нет сына.
           g   Нет, у неё нет сестры.
           h   Нет, у них нет телевизора.

Skills work

Writing

1.
   a. Чьё это письмо?
   b. Чья это машина?
   c. Чей это дом?
   d. Чьи это газеты?
   e. Чей это телефон?

UNIT 6

Skills work

Reading

3.
   a. Какую музыку слушает Игорь?
   b. Какой балет вы любите?
   c. Какие фильмы вы хорошо понимаете?
   d. Какое письмо она ждёт?
   e. Какого директора они не любят?

Writing

2.
   a. Какую книгу читает Марина? Смешную.
   b. Какое вино вы любите? Сладкое.
   c. Какие слова вы понимаете? Английские.
   d. Какого доктора знает Джон? Хорошего.
   e. Какой фильм он смотрит? Интересный.
   f. Какое упражнение они пишут? Трудное.
   g. Какого директора вы ждёте? Нового.
   h. Какую оперу слушает Наташа? Итальянскую.

4. меня
   нас
   вас
   его
   её
   их

5.
   a. её;
   b. их;
   c. его;
   d. их.

UNIT 7

Presentation

3.
   a. Нет, она писала упражнение.
   b. Нет, они смотрели футбол.
   c. Нет, она слушала оперу.
   d. Нет, он говорил по-английски.
   e. Нет, они читали книгу.
   f. Нет, он любил Марину.
   g. Нет, она мечтала о новой машине.
   h. Нет, она работала в университете.
   i. Нет, он думал о Марине.
   j. Нет, он ждал Марину.

4.
   a. Нет, я работал.
   b. Нет, я смотрел телевизор.
   c. Нет, мы писали письма.
   d. Нет, мы играли в теннис.

6.
   a. Что вы делали днём?
   b. Что Марина делала вечером?
   c. Что он делал вчера?
   d. Что они делали днём?
   e. Что она делала утром?

KEY TO THE EXERCISES   275

Communicative Practice

1   a   был;
    b   была́;
    c   бы́ли;
    d   была́;
    e   бы́ли.

4   a   в теа́тре, в консервато́рии, в конце́ртном за́ле;
    b   на ле́кции, на заня́тиях;
    c   на спекта́кле;
    d   на презента́ции, на обе́де, на у́жине.

5   1-d; 2-e; 3-a; 4-b; 5-c.

6   a   Почему́ вы хорошо́ говори́те по-ру́сски?
    b   Почему́ вы ча́сто смо́трите футбо́л?
    c   Почему́ вы не смо́трите телеви́зор в Москве́?

Skills work

Writing

2   Ви́ктор был на стадио́не.
Мари́на была́ в кинотеа́тре.
Джон и О́льга бы́ли в библиоте́ке.
Джейн была́ в теа́тре.

3   1-c; 2-b; 3-d; 4-a.

UNIT 8

Presentation

4   a   чита́ть — прочита́ть;
    b   де́лать — сде́лать;
    c   смотре́ть — посмотре́ть;
    d   понима́ть — поня́ть;
    e   писа́ть — написа́ть.

5   a   писа́ть — написа́ть;
    b   чита́ть — прочита́ть;
    c   де́лать — сде́лать;
    d   смотре́ть — посмотре́ть;
    e   реша́ть — реши́ть.

7   A   a   Да, я всегда́ смотрю́ телеви́зор ве́чером.
        b   Да, я всегда́ обе́даю в рестора́не.
        c   Да, я всегда́ пишу́ пи́сьма у́тром.
        d   Да, я всегда́ чита́ю днём.

    B   a   Нет, я реша́ю кроссво́рды иногда́.
        b   Нет, я чита́ю америка́нские газе́ты иногда́.
        c   Нет, я смотрю́ америка́нские фи́льмы иногда́.
        d   Нет, я пишу́ пи́сьма иногда́.

8   a   Да, он ча́сто чита́ет кни́ги.
    b   Да, я поу́жинала в кафе́.
    c   Да, я всегда́ у́жинаю в кафе́.
    d   Да, они́ пообе́дали в университе́те.
    e   Да, они́ всегда́ обе́дают в университе́те.
    f   Да, она́ хорошо́ отве́тила на уро́ке.
    g   Да, она́ всегда́ хорошо́ отвеча́ет.
    h   Да, мы ви́дели но́вый францу́зский фильм.

9   a   Нет, я уже́ написа́л его́.
    b   Нет, я уже́ поза́втракал.
    c   Нет, я уже́ пообе́дал.
    d   Нет, я уже́ поу́жинал.
    e   Нет, я уже́ посмотре́л но́вый фильм.
    f   Нет, я уже́ реши́л пробле́му.

10   a   Я уже́ прочита́л письмо́.
     b   Она́ уже́ поза́втракала.
     c   Она́ уже́ пообе́дала.

d   Она́ уже́ поу́жинала.
e   Она́ уже́ реши́ла пробле́му.
f   Мы уже́ посмотре́ли фильм.

Communicative Practice

1   писа́л, писа́л, писа́л, писа́л, писа́л, написа́л.
2   a   смотре́ли, посмотре́ли;
    b   чита́л;
    c   писа́л;
    d   за́втракаете;
    e   реша́ем, реши́л.
4   a   писа́ла, написа́ла;
    b   чита́ла, прочита́ла;
    c   за́втракала, поза́втракала.
6   a   Ве́чером я написа́ла письмо́.
    b   Вчера́ я поза́втракал в де́вять часо́в.
    c   Днём я реши́л пробле́му в о́фисе.
    d   Я сде́лал упражне́ния ве́чером.
    e   Ве́чером я прочита́л газе́ты.
    f   Я посмотре́л телеви́зор днём.
7   де́лал, чита́л, прочита́л, чита́л, чита́л, де́лал, писа́л, смотре́л, написа́л, писа́л, написа́л.

Skills work

Reading

2   1-b; 2-b; 3-c; 4-b; 5-c; 6-b; 7-a; 8-b.

Writing

1   a   Я ча́сто за́втракаю в кафе́.
    b   Джон всегда́ про́сит меня́ реша́ть пробле́мы в о́фисе.
    c   Иногда́ я обе́даю в рестора́не.
    d   Ка́ждый день он до́лго чита́ет газе́ту.
    e   Я всегда́ пишу́ хоро́шие пи́сьма.
2   a   чита́л, прочита́ли, прочита́л.
    b   пи́шет, написа́л, написа́л.

c   за́втракаю, поза́втракал, за́втракал.
d   реша́ла, реши́ла.
e   понима́ем, по́няли.

Review 2

1   теа́тры, неде́ли, компа́нии, дома́, детекти́вы, города́, зада́чи, но́ги, пробле́мы, дела́, ру́ки, библиоте́ки, галере́и, дива́ны, спекта́кли, ви́на, де́ти, лю́ди
2   a   Чей э́то апельси́н?
    b   Чья э́то жена́?
    c   Чей э́то го́род?
    d   Чьё э́то де́ло?
    e   Чей э́то брат?
    f   Чей э́то сын?
    g   Чья э́то преподава́тельница?
    h   Чей э́то велосипе́д?
    i   Чьи э́то де́ти?
    j   Чей э́то контра́кт?
3   a   мой;   f   твоя́;
    b   наш;   g   его́;
    c   её;   h   моя́;
    d   их;   i   их;
    e   ваш;   j   её.
4   a   Нет, у меня́ нет телефо́на.
    b   Нет, у меня́ нет словаря́.
    c   Нет, у меня́ нет велосипе́да.
    d   Нет, у них нет фотоаппара́та.
    e   Нет, у неё нет телеви́зора.
    f   Нет, у него́ нет ле́кции в понеде́льник.
    g   Нет, у нас нет о́фиса в Москве́.
    h   Нет, у нас нет после́днего катало́га в о́фисе.
    i   Нет, у меня́ нет сего́дня презента́ции.
    j   Нет, у них нет в стране́ росси́йского посо́льства.

KEY TO THE EXERCISES

5	a	У вас есть машина?		e	Днём он работал, а вечером отдыхал.
	b	У вас есть сестра?		f	Она слушала радио, а он читал журнал.
	c	У него есть ручка?			
	d	У неё есть газета?	11	a	Они слушают оперу, новости, лекцию, радио, концерт, музыку.
	e	У него есть семья?			
6	20	31		b	Они слушают президента, профессора, преподавателя, друга, секретаря, директора, студентку.
	29	33			
	30	47			
	55	40		c	Она любит фрукты, спорт, кока-колу, шоколад, рыбу.
	62	50			
	74	60		d	Она любит Бориса, Джона, Андрея, Игоря, маму, папу, брата, сестру.
	83	70			
	98	80		e	Он ждёт письмо, контракт, телеграмму, факс.
	100	90			
7	a	банк, почту, магазин, клинику;		f	Он ждёт директора, журналистку, профессора, инженера, секретаря.
	b	молоко, мясо, сок, колбасу;			
	c	спектакль, футбол, телевизор, кино;		g	Они читают газету, журнал, письмо, текст, роман, упражнение.
	d	оперу, концерт, радио;			
	e	письмо, газету, журнал, роман;		h	Вы хорошо знаете Марину, преподавателя, Антона, Виктора, Нину, друга.
	f	письмо, упражнение, диктант;			
	g	телеграмму, сына, мужа, отпуск.			
8	a	его;	12	a	Что они пишут?
	b	её;		b	Что он слушает?
	c	их;		c	Кого вы ждёте?
	d	его;		d	Что она любит?
	e	его.		e	Что смотрит Марина?
9	a	Я смотрел новый американский фильм.		g	Кого они хорошо понимают?
	b	Я читаю «Российскую газету».	13	a	Вы уже были в Историческом музее?
	c	Я люблю итальянскую оперу.		b	Вы уже были на выставке?
	d	Я ждал в офисе нового клиента.		c	Они уже были в университете?
	e	Я не видел в среду английского партнёра.		d	Он уже был в офисе?
				e	Она уже была на лекции?
10	a	Я отдыхал в Лондоне в декабре.		f	Они уже были в Старом цирке?
	b	Он обедал в ресторане «Прага».	14		1-b, 2-c, 3-a, 4-e, 5-d.
	c	Мы смотрели новый американский фильм.	15	a	слушали;
				b	писал;
	d	Они любили итальянскую оперу.		c	читал;

	d	решáли, решúл;
	e	дéлал, сдéлал.
16	a	Я позáвтракала в цéнтре в кафé.
	b	Он послýшал óперу в Большóм теáтре.
	c	Онá посмотрéла балéт в Петербýрге.
	d	Онú написáли письмó о Москвé.
	e	Мы поýжинаем в суббóту в ресторáне «Метропóль».

UNIT 9

Presentation

4	a	Нет, Натáша бýдет писáть упражнéние.
	b	Нет, мы бýдем смотрéть футбóл.
	c	Нет, онú бýдут слýшать óперу.
	d	Нет, он бýдет игрáть в тéннис.
	e	Нет, онú бýдут читáть кнúгу.
	f	Нет, он бýдет зáвтракать в ресторáне.
	g	Нет, онá бýдет спрáшивать о нóвой машúне.
	h	Нет, онá бýдет рабóтать в университéте.
	i	Нет, он бýдет дýмать о Москвé.
	j	Нет, он бýдет ждать Натáшу.
7	a	бýдут; d бýдет;
	b	бýдут; e бýдет.
	c	бýдем;

Communicative Practice

2	a	Когдá Úгорь прочитáет газéту, он бýдет зáвтракать.
	b	Когдá Натáша приготóвит обéд, онá бýдет отдыхáть.
	c	Когдá Майкл поýжинает, он бýдет слýшать мýзыку.
	d	Когдá Úгорь и Пётр посмóтрят телевúзор, онú бýдут игрáть в шáхматы.
3	a	Вéчером я **напишý** письмó, **посмотрю́** телевúзор и **приготóвлю** ýжин.
	b	Зáвтра ýтром Андрéй **напúшет** диктáнт, а потóм он **прочитáет** текст.
	c	Сегóдня днём мы **посмóтрим** телевúзор, а потóм **приготóвим** обéд.
	d	Зáвтра вéчером мы **вы́учим** нóвые словá, а потóм **поýжинаем** в ресторáне «Максúм».
	e	Ýтром я **позáвтракаю, прочитáю** газéту и **сыгрáю** в тéннис.
4	a	Что бýдет дéлать Джон, когдá **вы́учит** нóвые словá?
	b	Что бýдет дéлать Натáша, когдá **напúшет** письмó?
	c	Что мы бýдем дéлать, когдá **пообéдаем**?
	d	Что бýдет дéлать Андрéй, когдá **решúт** кроссвóрд?
	e	Что он бýдет дéлать, когдá **поýжинает**?
	f	Что бýдет дéлать Ирúна, когдá **приготóвит** обéд?
5	a	Что вы бýдете дéлать, когдá **позáвтракаете**?
	b	Что вы бýдете дéлать, когдá **напúшете** диктáнт?
	c	Что онú бýдут дéлать, когдá **вы́учат** нóвые словá?
	d	Что вы бýдете дéлать, когдá **сыгрáете** в шáхматы?
	e	Что вы бýдете дéлать, когдá **решúте** задáчу?

KEY TO THE EXERCISES

Skills work

Reading

2 1-c, 2-a, 3-b, 4-a, 5-c, 6-a, 7-a, 8-b, 9-a.

UNIT 10

Presentation

3
- a Это чашка сестры.
- b Это кресло отца.
- c Это стол журналистки.
- d Это книги Марины.
- e Сестра Игоря работает в клинике.
- f Дети Игоря живут в Лондоне.
- g В футбол играет сын Наташи.
- h Апельсины любит дочь Анны.

4
- a моего брата;
- b моей мамы;
- c моего друга;
- d нашего нового клиента;
- e нашей преподавательницы;
- f моей сестры;
- g моего отца.

5 Это зонт моего брата Андрея.
Это велосипед моего отца.
Это автомобиль нашего нового учителя.
Это собака моей сестры Наташи.
Это кресло нашего старого дедушки.
Это фотоаппарат нашей мамы.

6
- a Нет, это книги моей сестры.
- b Нет, это документы моего партнёра.
- c Нет, это фотоаппарат моего отца.
- d Нет, это велосипед моего брата.
- e Нет, это зонт нашего клиента.

7
- a Париж — столица Франции.
- b Берлин — столица Германии.
- c Лондон — столица Англии.
- d Рим — столица Италии.
- e Вашингтон — столица Америки.
- f Ханой — столица Вьетнама.
- g Токио — столица Японии.
- h Пекин — столица Китая.
- i София — столица Болгарии.
- j Варшава — столица Польши.

9
- a автобусов, троллейбусов, машин;
- b программистов, инженеров, менеджеров;
- c клиентов и партнёров;
- d журналистов, студентов;
- e телеграмм, писем, журналов.

Communicative Practice

1
- a два раза;
- b шесть лет;
- c одиннадцать человек;
- d один час.

2
- a из Африки;
- b из Швеции;
- c из Новой Зеландии;
- d из Туниса;
- e из Венесуэлы;
- f из Мексики.

3
- a Этот клиент из Франции.
- b Ванда из Польши.
- c Пётр из Чехии.
- d София из Болгарии.
- e Ван из Вьетнама.
- f Лючия из Италии.

4
- a Мария приехала из Испании.
- b Студенты приехали из университета.
- c Иштван приехал из Будапешта.
- d Гости приехали из Киева.
- e Мой партнёр приехал из банка.

5 a Откуда он приехал?
   b Откуда вы пришли?
   c Откуда она приехала?
   d Откуда вы пришли?
   e Откуда они приехали?
   f Откуда он пришёл?

6 a Они приехали из клуба.
   b Директор приехал из банка.
   c Студенты приехали из библиотеки.
   d Они приехали из театра.
   e Туристы приехали из цирка.

7 a Откуда вы пришли?
   b Откуда он пришёл?
   c Откуда приехала эта группа?
   d Откуда вы приехали вчера?
   e Откуда вы пришли днём?

Skills work

Writing

1 a Игорь приехал из театра.
   b Наташа пришла из школы.
   c Джон приехал из Эрмитажа.
   d Джулия приехала из ресторана.

2 a из Парижа;   d из Вены;
   b из дома;   e из клиники.
   c из банка;

UNIT 11

Presentation

3 a Помогать — Виктору, отцу, сыну, брату, дедушке, другу, Игорю;
   b Звонить — Марине, Джулии, Анне, маме, подруге;
   c Рассказывать — журналисту, директору, программисту, инженеру;
   d Покупать — сыну, другу, мужу, преподавателю, профессору;
   e Дарить — подруге, бабушке, жене, тёте, клиентке;
   f Давать — партнёру, секретарю, Андрею, Борису, Нине.

4 a Я написал письмо брату.
   b Я рассказываю о новом фильме сыну.
   c Я позвонил другу.
   d Я купил журнал партнёру.
   e Я покажу упражнение преподавателю.
   f Студенты дарят цветы профессору.
   g Он обещал посмотреть фильм подруге.
   h Она даст книгу сестре.
   i Они помогали в воскресенье бабушке.
   j Я покупаю подарок маме.

6 a им;   d ему;
   b ему;   e вам.
   c ей;

7 a нам;   e ему;
   b ей;   f тебе;
   c мне;   g им.
   d вам;

9 a известному;
   b американскому;
   c старому;
   d русской;
   e новой.

10 a нашему новому преподавателю;
   b моей хорошей подруге;
   c твоей сестре;
   d вашему старому профессору;
   e нашему известному журналисту.

11 a испанскому туристу;
   b сестре;

KEY TO THE EXERCISES

c   студентам;
d   клиенту;
e   журналисту.

Communicative Practice

1   a   лет;   d   год;
    b   года;   e   лет;
    c   лет;   f   года.

4   a   вам;   f   мне;
    b   тебе;   g   мне;
    c   им;   h   мне;
    d   ей;   i   нам;
    e   ему;   j   вам.

7   a   Да, мне нравится балет.
    b   Да, мне нравится моя работа.
    c   Да, мне нравятся бананы.
    d   Да, ей нравится Москва.
    e   Да, ему нравятся исторические романы.

9   a   к директору, в банк;
    b   к моей старой бабушке в Петербург;
    c   к преподавателю, в университет;
    d   к профессору, в клинику;
    e   к Марине и Игорю, в гостиницу.

UNIT 12

Presentation

4   a   с братом, с клиентом, с партнёром, с Петром, с преподавателем.
    b   с Анной, с подругой, с клиенткой, с Мариной, с Джулией.
    c   с профессором, с девушкой, с журналистом, с доктором.

5   a   с Мариной и Джоном;
    b   с партнёром;
    c   с профессором;
    d   с доктором;
    e   с сёстрами.

8   a   с подругами;
    b   с докторами;
    c   с преподавателями;
    d   с журналистом;
    e   с журналистками.

10 a   ним;
    b   ней;
    c   ними;
    d   ним, ним;
    e   ними, ними;
    f   нами.

Communicative Practice

1   a   со студентом;
    b   с другом;
    c   с журналистом;
    d   с программистом;
    e   с сестрой.

2   a   Я поздоровался с моей сестрой.
    b   Обычно я хожу в театр с моим другом.
    c   Я хочу посоветоваться с нашим профессором.
    d   Я хочу познакомиться с этой студенткой.
    e   Я хочу поговорить с этим студентом.

3   a   с моим мужем;
    b   с нашим хорошим другом;
    c   с её сестрой;
    d   с моей тётей;
    e   с вашим партнёром.

4   a   Профе́ссор разгова́ривает с но́вым студе́нтом.
    b   Я познако́мился в Москве́ с изве́стным журнали́стом.
    c   Я посове́туюсь со ста́рым преподава́телем.
    d   Профе́ссор разгова́ривает с но́вой студе́нткой.
    e   Я ходи́л на вы́ставку с молодо́й и краси́вой де́вушкой.
    f   Он познако́мился в Пари́же с францу́зской журнали́сткой.

Skills work

Writing

1   a   его́, он, я, ему́, к нему́.
    b   её, ей, она́, её, мы, с ней.
    c   ним, его́, ему́, он, его́.

Review 3

1   a   бу́дет гото́вить, пригото́вит;
    b   бу́дут повторя́ть, повторя́т;
    c   бу́дешь расска́зывать, расска́жешь;
    d   бу́ду отдыха́ть, отдохну́.

2   a   Я напишу́ жене́ письмо́ и отпра́влю его́ в сре́ду.
    b   Он возьмёт слова́рь и посмо́трит но́вые слова́.
    c   Я решу́ все пробле́мы на рабо́те и пое́ду в о́тпуск.
    d   В воскресе́нье снача́ла мы сыгра́ем в те́ннис, а пото́м посмо́трим но́вый фильм.
    e   В пя́тницу мы бу́дем на презента́ции, а пото́м пое́дем в теа́тр.

3   a   Э́то фотоаппара́т моего́ отца́.
    b   Э́то кни́ги моего́ бра́та.
    c   Э́то маши́на на́шего но́вого партнёра.
    d   Э́то зада́ча ва́шего ме́неджера.
    e   Э́то авто́бус на́шей компа́нии.
    f   Э́то пода́рок моего́ дру́га.
    g   Э́то муж мое́й сестры́.

4   a   Ста́рого америка́нского профе́ссора.
    b   Молодо́го тала́нтливого программи́ста.
    c   Но́вого клие́нта.
    d   Изве́стного росси́йского журнали́ста.
    e   Ста́рой подру́ги.

5   a   И́горь е́здил в теа́тр.
        Он был в теа́тре.
        Вчера́ ве́чером он прие́хал из теа́тра.
    b   Я иду́ в университе́т.
        Я был в университе́те.
        Я иду́ из университе́та.
    c   Я е́здил ле́том в Но́вую Зела́ндию.
        Я отдыха́л в Но́вой Зела́ндии.
        Я прие́хал из Но́вой Зела́ндии.
    d   У́тром я ходи́л в парк.
        Я был в па́рке.
        Я иду́ сейча́с из па́рка.
    e   Ле́том мой партнёр пое́дет в Ло́ндон.
        Мой партнёр жил в январе́ в Ло́ндоне.
        Он получа́ет пи́сьма из Ло́ндона.

6   Пари́ж — столи́ца Фра́нции.
    Ло́ндон — столи́ца А́нглии.
    Варша́ва — столи́ца По́льши.
    Берли́н — столи́ца Герма́нии.
    То́кио — столи́ца Япо́нии.
    Пеки́н — столи́ца Кита́я.
    Рим — столи́ца Ита́лии.

KEY TO THE EXERCISES

7 a больши́х проспе́ктов и у́лиц;
    b спекта́клей;
    c карти́н;
    d зада́ч;
    e фру́ктов.

9 a ей;   d вам;
    b ему́;   e им;
    c нам;   f тебе́.

10 a дру́га
        к дру́гу
        с дру́гом
        друг
        о дру́ге
    b сестре́
        с сестро́й
        сестру́
        от сестры́
        о сестре́
    c с до́ктором
        до́ктора
        к до́ктору
        с до́ктором
        до́ктор

11 a его́ и её;   e ему́;
    b с ней;   f мне, к вам;
    c их;   g со мной;
    d ни́ми;   h мне.

12 a Изве́стного америка́нского журнали́ста.
        С изве́стным америка́нским журнали́стом.
        Изве́стный америка́нский журнали́ст.
        Изве́стному америка́нскому журнали́сту.
        Изве́стного америка́нского журнали́ста.
        Об изве́стном америка́нском журнали́сте.

    b Ста́рый друг.
        Ста́рого дру́га.
        Со ста́рым дру́гом.
        Ста́рому дру́гу.
        Ста́рого дру́га.
        О ста́ром дру́ге.

    c Но́вой подру́ге.
        С но́вой подру́гой.
        Но́вой подру́ги.
        О но́вой подру́ге.
        Но́вая подру́га.
        Но́вую подру́гу.

13 a ходи́л, е́хал;
    b е́зжу, е́ду;
    c е́здить, е́здит, е́здила.
    d хожу́, ходи́л;
    e хо́дим, е́здим, е́здили.

GRAMMAR TABLES

Cases: nominative (N), accusative (A), genetive (G), dative (D), instrumental (I), prepositional (P).

1   MASCULINE NOUNS

	SINGULAR	PLURAL	SINGULAR	PLURAL
●	БИЛЕ́Т ticket		КОТ cat	
N	БИЛЕ́Т	БИЛЕ́ТЫ	КОТ	КОТЫ́
G	БИЛЕ́ТА	БИЛЕ́ТОВ	КОТА́	КОТО́В
D	БИЛЕ́ТУ	БИЛЕ́ТАМ	КОТУ́	КОТА́М
A	БИЛЕ́Т	БИЛЕ́ТЫ	КОТА́	КОТО́В
I	БИЛЕ́ТОМ	БИЛЕ́ТАМИ	КОТО́М	КОТА́МИ
P	О БИЛЕ́ТЕ	О БИЛЕ́ТАХ	О КОТЕ́	О КОТА́Х

	SINGULAR	PLURAL	SINGULAR	PLURAL
●	СЛОВА́РЬ dictionary		МУЗЕ́Й museum	
N	СЛОВА́РЬ	СЛОВАРИ́	МУЗЕ́Й	МУЗЕ́И
G	СЛОВАРЯ́	СЛОВАРЕ́Й	МУЗЕ́Я	МУЗЕ́ЕВ
D	СЛОВАРЮ́	СЛОВАРЯ́М	МУЗЕ́Ю	МУЗЕ́ЯМ
A	СЛОВА́РЬ	СЛОВАРИ́	МУЗЕ́Й	МУЗЕ́И
I	СЛОВАРЁМ	СЛОВАРЯ́МИ	МУЗЕ́ЕМ	МУЗЕ́ЯМИ
P	В СЛОВАРЕ́	В СЛОВАРЯ́Х	В МУЗЕ́Е	В МУЗЕ́ЯХ

2 FEMININE NOUNS

	SINGULAR	PLURAL	SINGULAR	PLURAL
●	\multicolumn{2}{c}{ГАЗЕ́ТА newspaper}	\multicolumn{2}{c}{СОБА́КА dog}
N	ГАЗЕ́ТА	ГАЗЕ́ТЫ	СОБА́КА	СОБА́КИ
G	ГАЗЕ́ТЫ	ГАЗЕ́Т	СОБА́КИ	СОБА́К
D	ГАЗЕ́ТЕ	ГАЗЕ́ТАМ	СОБА́КЕ	СОБА́КАМ
A	ГАЗЕ́ТУ	ГАЗЕ́ТЫ	СОБА́КУ	СОБА́К
I	ГАЗЕ́ТОЙ	ГАЗЕ́ТАМИ	СОБА́КОЙ	СОБА́КАМИ
P	В ГАЗЕ́ТЕ	В ГАЗЕ́ТАХ	О СОБА́КЕ	О СОБА́КАХ

	SINGULAR	PLURAL	SINGULAR	PLURAL
●	\multicolumn{2}{c}{НЕДЕ́ЛЯ week}	\multicolumn{2}{c}{ПЛО́ЩАДЬ square}
N	НЕДЕ́ЛЯ	НЕДЕ́ЛИ	ПЛО́ЩАДЬ	ПЛО́ЩАДИ
G	НЕДЕ́ЛИ	НЕДЕ́ЛЬ	ПЛО́ЩАДИ	ПЛОЩАДЕ́Й
D	НЕДЕ́ЛЕ	НЕДЕ́ЛЯМ	ПЛО́ЩАДИ	ПЛОЩАДЯ́М
A	НЕДЕ́ЛЮ	НЕДЕ́ЛИ	ПЛО́ЩАДЬ	ПЛО́ЩАДИ
I	НЕДЕ́ЛЕЙ	НЕДЕ́ЛЯМИ	ПЛО́ЩАДЬЮ	ПЛОЩАДЯ́МИ
P	В НЕДЕ́ЛЕ	В НЕДЕ́ЛЯХ	НА ПЛО́ЩАДИ	НА ПЛОЩАДЯ́Х

3 NEUTER NOUNS

	SINGULAR	PLURAL	SINGULAR	PLURAL
●	\multicolumn{2}{c}{ДЕ́ЛО business}	\multicolumn{2}{c}{УПРАЖНЕ́НИЕ exercise}
N	ДЕ́ЛО	ДЕЛА́	УПРАЖНЕ́НИЕ	УПРАЖНЕ́НИЯ
G	ДЕ́ЛА	ДЕЛ	УПРАЖНЕ́НИЯ	УПРАЖНЕ́НИЙ
D	ДЕ́ЛУ	ДЕЛА́М	УПРАЖНЕ́НИЮ	УПРАЖНЕ́НИЯМ
A	ДЕ́ЛО	ДЕЛА́	УПРАЖНЕ́НИЕ	УПРАЖНЕ́НИЯ
I	ДЕ́ЛОМ	ДЕЛА́МИ	УПРАЖНЕ́НИЕМ	УПРАЖНЕ́НИЯМИ
P	О ДЕ́ЛЕ	О ДЕЛА́Х	В УПРАЖНЕ́НИИ	В УПРАЖНЕ́НИЯХ

PREPOSITIONAL	Где? О ком? О чём?	Он живёт в Росси́и в Петербу́рге. Они́ говоря́т о Джо́не, о Джу́лии, о Мари́не. Она́ мечта́ет о компью́тере и о соба́ке.	feminine -е -и masculine -е neuter -е -и
ACCUSATIVE	Кого́? Что? Куда́?	Вчера́ они́ встре́тили Джо́на, Джу́лию и Мари́ну. Он лю́бит Росси́ю, Москву́ и Петербу́рг. Она́ е́здила в Москву́ и в Петербу́рг ле́том.	feminine -у -ю masculine: *animate* -а -я *unanimate* [-] neuter -о -е
GENETIVE	У кого́? Нет кого́ (чего́)? Чей? Отку́да? Ско́лько?	У Джо́на нет газе́ты. У Мари́ны нет журна́ла. У Джу́лии нет письма́. Э́то кни́ги Джо́на, Мари́ны и Джу́лии. Они́ прие́хали из Вьетна́ма, Австра́лии и Аме́рики. Ско́лько теа́тров в Москве́? В Москве́ мно́го теа́тров.	feminine -и -ы masculine -а -я neuter -а -я
DATIVE	Кому́? К кому́?	Джон подари́л Джу́лии и Мари́не цветы́. Они́ подари́ли Джо́ну фотоаппара́т. Джо́ну два́дцать лет. Джу́лии и Мари́не два́дцать пять лет. Клие́нты прие́хали в фи́рму к Джо́ну, к Джу́лии и к Мари́не.	feminine -е -и masculine -у -ю neuter -у -ю
INSTRUMENTAL	С кем? Кем?	Дире́ктор всегда́ сове́туется с Джо́ном, с Джу́лией и с Мари́ной. Джон рабо́тает ме́неджером в ба́нке.	feminine -ой -ей masculine -ом -ем neuter -ом -ем

4 PRONOUNS

•	I	you	he	she	it	we	you	they	who	what
N	Я	ТЫ	ОН	ОНА́	ОНО́	МЫ	ВЫ	ОНИ́	КТО	ЧТО
G	МЕНЯ́	ТЕБЯ́	ЕГО́	ЕЁ	ЕГО́	НАС	ВАС	ИХ	КОГО́	ЧЕГО́
D	МНЕ	ТЕБЕ́	ЕМУ́	ЕЙ	ЕМУ́	НАМ	ВАМ	ИМ	КОМУ́	ЧЕМУ́
A	МЕНЯ́	ТЕБЯ́	ЕГО́	ЕЁ	ЕГО́	НАС	ВАС	ИХ	КОГО́	ЧТО
I	МНОЙ	ТОБО́Й	ИМ	ЕЙ	ИМ	НА́МИ	ВА́МИ	И́МИ	КЕМ	ЧЕМ
P	О́БО МНЕ	О ТЕБЕ́	О НЁМ	О НЕЙ	О НЁМ	О НАС	О ВАС	О НИХ	О КОМ	О ЧЁМ

5 ADJECTIVES

new

•	MASCULINE	FEMININE	NEUTER	PLURAL
N	НО́ВЫЙ	НО́ВАЯ	НО́ВОЕ	НО́ВЫЕ
G	НО́ВОГО	НО́ВОЙ	НО́ВОГО	НО́ВЫХ
D	НО́ВОМУ	НО́ВОЙ	НО́ВОМУ	НО́ВЫМ
A	НО́ВЫЙ	НО́ВУЮ	НО́ВОЕ	НО́ВЫЕ
A anim	НО́ВОГО	НО́ВУЮ	НО́ВОЕ	НО́ВЫХ
I	НО́ВЫМ	НО́ВОЙ	НО́ВЫМ	НО́ВЫМИ
P	О НО́ВОМ	О НО́ВОЙ	О НО́ВОМ	О НО́ВЫХ

Russian

•	MASCULINE	FEMININE	NEUTER	PLURAL
N	РУ́ССКИЙ	РУ́ССКАЯ	РУ́ССКОЕ	РУ́ССКИЕ
G	РУ́ССКОГО	РУ́ССКОЙ	РУ́ССКОГО	РУ́ССКИХ
D	РУ́ССКОМУ	РУ́ССКОЙ	РУ́ССКОМУ	РУ́ССКИМ
A	РУ́ССКИЙ	РУ́ССКУЮ	РУ́ССКОЕ	РУ́ССКИЕ
A anim	РУ́ССКОГО	РУ́ССКУЮ	РУ́ССКОЕ	РУ́ССКИХ
I	РУ́ССКИМ	РУ́ССКОЙ	РУ́ССКИМ	РУ́ССКИМИ
P	О РУ́ССКОМ	О РУ́ССКОЙ	О РУ́ССКОМ	О РУ́ССКИХ

good

•	MASCULINE	FEMININE	NEUTER	PLURAL
N	ХОРО́ШИЙ	ХОРО́ШАЯ	ХОРО́ШЕЕ	ХОРО́ШИЕ
G	ХОРО́ШЕГО	ХОРО́ШЕЙ	ХОРО́ШЕГО	ХОРО́ШИХ
D	ХОРО́ШЕМУ	ХОРО́ШЕЙ	ХОРО́ШЕМУ	ХОРО́ШИМ
A	ХОРО́ШИЙ	ХОРО́ШУЮ	ХОРО́ШЕЕ	ХОРО́ШИЕ
A anim	ХОРО́ШЕГО	ХОРО́ШУЮ	ХОРО́ШЕЕ	ХОРО́ШИХ
I	ХОРО́ШИМ	ХОРО́ШЕЙ	ХОРО́ШИМ	ХОРО́ШИМИ
P	О ХОРО́ШЕМ	О ХОРО́ШЕЙ	О ХОРО́ШЕМ	О ХОРО́ШИХ

last

•	MASCULINE	FEMININE	NEUTER	PLURAL
N	ПОСЛЕ́ДНИЙ	ПОСЛЕ́ДНЯЯ	ПОСЛЕ́ДНЕЕ	ПОСЛЕ́ДНИЕ
G	ПОСЛЕ́ДНЕГО	ПОСЛЕ́ДНЕЙ	ПОСЛЕ́ДНЕГО	ПОСЛЕ́ДНИХ
D	ПОСЛЕ́ДНЕМУ	ПОСЛЕ́ДНЕЙ	ПОСЛЕ́ДНЕМУ	ПОСЛЕ́ДНИМ
A	ПОСЛЕ́ДНИЙ	ПОСЛЕ́ДНЮЮ	ПОСЛЕ́ДНЕЕ	ПОСЛЕ́ДНИЕ
A anim	ПОСЛЕ́ДНЕГО	ПОСЛЕ́ДНЮЮ	ПОСЛЕ́ДНЕЕ	ПОСЛЕ́ДНИХ
I	ПОСЛЕ́ДНИМ	ПОСЛЕ́ДНЕЙ	ПОСЛЕ́ДНИМ	ПОСЛЕ́ДНИМИ
P	О ПОСЛЕ́ДНЕМ	О ПОСЛЕ́ДНЕЙ	О ПОСЛЕ́ДНЕМ	О ПОСЛЕ́ДНИХ

6 POSSESSIVES

my (same endings for твой 'your')

•	MASCULINE	FEMININE	NEUTER	PLURAL
N	МОЙ	МОЯ́	МОЁ	МОИ́
G	МОЕГО́	МОЕ́Й	МОЕГО́	МОИ́Х
D	МОЕМУ́	МОЕ́Й	МОЕМУ́	МОИ́М
A	МОЙ	МОЮ́	МОЁ	МОИ́
A anim	МОЕГО́	МОЮ́	МОЁ	МОИ́Х
I	МОИ́М	МОЕ́Й	МОИ́М	МОИ́МИ
P	О МОЁМ	О МОЕ́Й	О МОЁМ	О МОИ́Х

GRAMMAR TABLES

our (same endings for ваш 'your')

•	MASCULINE	FEMININE	NEUTER	PLURAL
N	наш	на́ша	на́ше	на́ши
G	на́шего	на́шей	на́шего	на́ших
D	на́шему	на́шей	на́шему	на́шим
A	наш	на́шу	на́ше	на́ши
A anim	на́шего	на́шу	на́ше	на́ших
I	на́шим	на́шей	на́шим	на́шими
P	о на́шем	о на́шей	о на́шем	о на́ших

7 NUMBERS

•	ONE			TWO		THREE	FOUR
•	M	F	N	M/N	F	M/F/N	M/F/N
N	оди́н	одна́	одно́	два	две	три	четы́ре
G	одного́	одно́й	одного́	двух	двух	трёх	четырёх
D	одному́	одно́й	одному́	двум	двум	трём	четырём
A	оди́н	одну́	одно́	два	две	три	четы́ре
A anim	одного́	одну́	одно́	двух	двух	трёх	четырёх
I	одни́м	одно́й	одни́м	двумя́	двумя́	тремя́	четырьмя́
P	об одно́м	об одно́й	об одно́м	о двух	о двух	о трёх	о четырёх

8 VERBS

(a) знать (Type 1) imperfective to know

•	PRESENT	PAST	FUTURE
я	зна́ю	знал(а)	бу́ду знать
ты	зна́ешь	знал(а)	бу́дешь знать
он	зна́ет	знал	бу́дет знать
она́	зна́ет	зна́ла	бу́дет знать
мы	зна́ем	зна́ли	бу́дем знать
вы	зна́ете	зна́ли	бу́дете знать
они́	зна́ют	зна́ли	бу́дут знать

(b) прочитать (Type 1) perfective *to read*

●	PAST	FUTURE
я	ПРОЧИТА́Л(А)	ПРОЧИТА́Ю
ты	ПРОЧИТА́Л(А)	ПРОЧИТА́ЕШЬ
он	ПРОЧИТА́Л	ПРОЧИТА́ЕТ
она	ПРОЧИТА́ЛА	ПРОЧИТА́ЕТ
мы	ПРОЧИТА́ЛИ	ПРОЧИТА́ЕМ
вы	ПРОЧИТА́ЛИ	ПРОЧИТА́ЕТЕ
они	ПРОЧИТА́ЛИ	ПРОЧИТА́ЮТ

(c) говорить (Type 2) imperfective *to speak*

●	PRESENT	PAST	FUTURE
я	ГОВОРЮ́	ГОВОРИ́Л(А)	БУ́ДУ ГОВОРИ́ТЬ
ты	ГОВОРИ́ШЬ	ГОВОРИ́Л(А)	БУ́ДЕШЬ ГОВОРИ́ТЬ
он	ГОВОРИ́Т	ГОВОРИ́Л	БУ́ДЕТ ГОВОРИ́ТЬ
она	ГОВОРИ́Т	ГОВОРИ́ЛА	БУ́ДЕТ ГОВОРИ́ТЬ
мы	ГОВОРИ́М	ГОВОРИ́ЛИ	БУ́ДЕМ ГОВОРИ́ТЬ
вы	ГОВОРИ́ТЕ	ГОВОРИ́ЛИ	БУ́ДЕТЕ ГОВОРИ́ТЬ
они	ГОВОРЯ́Т	ГОВОРИ́ЛИ	БУ́ДУТ ГОВОРИ́ТЬ

(d) позвонить (Type 2) perfective *to telephone*

●	PAST	FUTURE
я	ПОЗВОНИ́Л(А)	ПОЗВОНЮ́
ты	ПОЗВОНИ́Л(А)	ПОЗВОНИ́ШЬ
он	ПОЗВОНИ́Л	ПОЗВОНИ́Т
она	ПОЗВОНИ́ЛА	ПОЗВОНИ́Т
мы	ПОЗВОНИ́ЛИ	ПОЗВОНИ́М
вы	ПОЗВОНИ́ЛИ	ПОЗВОНИ́ТЕ
они	ПОЗВОНИ́ЛИ	ПОЗВОНЯ́Т

GRAMMAR TABLES

(e) жить (Type 2B) imperfective *to live*

●	PRESENT	PAST	FUTURE
Я	ЖИВУ́	ЖИЛ(А́)	БУ́ДУ ЖИТЬ
ТЫ	ЖИВЁШЬ	ЖИЛ(А́)	БУ́ДЕШЬ ЖИТЬ
ОН	ЖИВЁТ	ЖИЛ	БУ́ДЕТ ЖИТЬ
ОНА	ЖИВЁТ	ЖИЛА́	БУ́ДЕТ ЖИТЬ
МЫ	ЖИВЁМ	ЖИ́ЛИ	БУ́ДЕМ ЖИТЬ
ВЫ	ЖИВЁТЕ	ЖИ́ЛИ	БУ́ДЕТЕ ЖИТЬ
ОНИ	ЖИВУ́Т	ЖИ́ЛИ	БУ́ДУТ ЖИТЬ

(f) написать (Type 1B) perfective *to write*

●	PAST	FUTURE
Я	НАПИСА́Л(А)	НАПИШУ́
ТЫ	НАПИСА́Л(А)	НАПИ́ШЕШЬ
ОН	НАПИСА́Л	НАПИ́ШЕТ
ОНА	НАПИСА́ЛА	НАПИ́ШЕТ
МЫ	НАПИСА́ЛИ	НАПИ́ШЕМ
ВЫ	НАПИСА́ЛИ	НАПИ́ШЕТЕ
ОНИ	НАПИСА́ЛИ	НАПИ́ШУТ

TAPESCRIPTS

1. Russian alphabet. Русский алфавит.

   А Б В Г Д Е Ё Ж З И Й К
   Л М Н О П Р С Т У Ф Х Ц
   Ч Ш Щ Ъ Ы Ь Э Ю Я

2. А К М О Т

   кот   Том   акт

3. В Е Н Р С У Х

   еда́, нос, рот, сок, су́мка, ма́рка, хор, вот, рука́, ва́нна, страна́, ко́мната

4. Б Г Д Ё З И Й
   Л П Ф Э Ю Я

   я, дом, ёлка, гру́ппа, да, мир, я́хта, Аэрофло́т, парк, сорт, стоп, фо́рма, магази́н, клуб, лифт, ю́мор, мой, футбо́л, бана́н, брат, стол, стул, рабо́та, о́тпуск, мо́да, тала́нт, бу́ква, э́кстра

5. Ж Ц Ч Ш Щ Ъ Ы Ь

   царь, сын, борщ, журна́л, чай, фи́ниш, ша́хматы, ко́шка, ча́шка, Кремль, объе́кт, щу́ка, чек, Чика́го, по́чта, сны, же́нщина, мы

TAPESCRIPTS

6
а	я
э	е
ы	и
о	ё
у	ю

ясный	неде́**ля**
юбка	биле́т
Испа́**ния**	самолё́т
еда́	л**ю**бо́вь
ёлка	плита́
упражне́ни**е**	лимо́н
интервь**ю́**	
объ**е́**кт	

7 нет, сове́т, тётя, Кремль, рубль

8 жёны, зна́ешь, жить, цирк, маши́на

9
Бори́с	окно́
спаси́бо	обе́д
Москва́	конве́рт
Росси́я	голова́
хорошо́	нога́
до́брое у́тро	отве́т
молоко́	пробле́ма
гости́ница	сове́т

10 б → п, в → ф, г → к, д → т, ж → ш, з → с.

клу́**б**	гла́**з**	ра́**з**
шокола́**д**	го**д**	хле**б**
обе́**д**	кроссво́р**д**	му**ж**
сюрпри́**з**	но**ж**	пло́ща**дь**
дру**г**	ё**ж**	

11
ло́**ж**ка	во**кз**а́л	а**вт**омоби́ль
во́**д**ка	о**тд**а́ть	**вт**о́рник
за́**вт**ра	**сд**е́лать	а**вт**о́бус

12 Ви́ктор, Ната́ша, Алекса́ндр, Екатери́на
Ри́та, Ли́за, Ю́рий, Анато́лий
Ве́ра, Людми́ла, Влади́мир, Бори́с
Ива́н, Никола́й, Ни́на, Евге́ния
О́льга, Константи́н, Мари́я, Валенти́н
Серге́й, А́нна, Мари́на, Светла́на
Лари́са, Ири́на, Ю́лия, Дми́трий

13 Аме́рика, Гре́ция, Япо́ния, Та́мпа
А́фрика, Ло́ндон, То́кио, Бо́стон
А́зия, Берли́н, Теха́с, Чика́го
Евро́па, Ита́лия, Да́ллас, Лас-Ве́гас
Австра́лия, Рим, Че́хия, Росси́я
Вашингто́н, Фра́нция, Пра́га, Санкт-Петербу́рг
Торо́нто, Пари́ж, Нью-Йо́рк, Москва́

14 a Здра́вствуйте. Меня́ зову́т Ни́на. Как вас зову́т?
Пётр.

b До́брое у́тро. Меня́ зову́т И́горь. Как тебя́ зову́т?
Меня́ зову́т А́нна.

c Здра́вствуйте. Меня́ зову́т Джон. А вас?
Меня́ зову́т Мари́на.

15 Джон, э́то Ни́на Смирно́ва. Ни́на, э́то Джон Смит.
Здра́вствуйте, Ни́на.
Здра́вствуйте, Джон.

16 a И́горь, э́то Мари́на?
Да, э́то Мари́на.

b Ни́на, э́то И́горь?
Нет, э́то не И́горь. Э́то Пётр.

c Э́то рестора́н?
Да, э́то рестора́н.

d Э́то Москва́?
Нет, э́то не Москва́. Э́то Ло́ндон.

17 a — Э́то Кра́сная пло́щадь?
— Да, э́то Кра́сная пло́щадь.
— Спаси́бо.

b — Это аптека?
   — Нет, это магазин.
   — Извините.

c — Это банк?
   — Нет, это ресторан.
   — Извините.

d — Это почта?
   — Да, это почта.
   — Спасибо.

e — Алло, это Игорь?
   — Нет, это не Игорь.
   — Извините.

18 a — Кто это?
       — Это Игорь.
       — Кто он?
       — Он директор.
       — Кто это?
       — Это Марина.
       — Кто она?
       — Она секретарь.

   b — Что это?
      — Это телефон.
      — Что это?
      — Это письмо.
      — Что это?
      — Это книга.

19 a — Извините, пожалуйста, это банк?
       — Да, это банк.
       — Спасибо.

   b — Извините, пожалуйста, это магазин?
      — Нет, это не магазин. Это аптека.
      — Спасибо.

   c — Извините, пожалуйста, это почта?
      — Нет, это магазин.
      — Спасибо.

20 — Здравствуйте.
    — Здравствуйте.
    — Извините, как вас зовут?
    — Меня зовут Джулия. А как вас зовут?
    — Меня зовут Пётр. Вы студентка?
    — Да, я студентка. Вы студент?
    — Нет, я журналист.

21 — Здравствуйте.
    — Здравствуйте.
    — Извините, как вас зовут?
    — Меня зовут Анна. А как вас зовут?
    — Меня зовут Виктор. Вы студентка?
    — Да, я студентка.

22 — Извините, вы студентка?
    — Нет, я журналистка.
    — Вы хорошо говорите по-русски.
    — Спасибо. Мой друг говорит, что я говорю по-русски очень медленно.

23 — Вы хорошо говорите по-русски.
    — Спасибо. Мой друг говорит, что я говорю по-русски очень медленно.

24 — Извините, пожалуйста, вы здесь работаете?
    — Да, я здесь работаю.
    — Вы секретарь?
    — Да, я секретарь.
    — Как вас зовут?
    — Марина.
    — Марина, извините, а кто это?
    — Это Иван Иванович Петров.
    — Он директор фирмы?
    — Нет, он программист.
    — А кто директор?
    — Нина Сергеевна Воронова.
    — Она говорит по-английски?
    — Да, она хорошо говорит по-английски.
    — Что она делает сейчас?
    — Она работает.
    — Спасибо.
    — Пожалуйста.

25 один   шесть
    два   семь
    три   восемь
    четыре   девять
    пять   десять

26 — Здра́вствуйте. Вы говори́те по-ру́сски?
— Да, немно́го.
— Вы рабо́таете в Москве́?
— Да, я рабо́таю в Москве́ в ба́нке.
— Извини́те, как вас зову́т?
— Меня́ зову́т Мэ́ри. А вас?
— Меня́ зову́т И́горь.
— О́чень прия́тно, И́горь. Вы то́же рабо́таете в Москве́?
— Нет, я рабо́таю в Ки́еве.

27 — Где вы живёте, Джу́лия?
— Я сейча́с живу́ и рабо́таю в Москве́. А вы где живёте, Андре́й?
— Я живу́ в Москве́, но рабо́таю в Ло́ндоне. Где вы живёте в Москве́?
— В це́нтре, на у́лице Но́вый Арба́т.

28 — Ни́на, где па́спорт?
— Он в столе́.
— А где письмо́?
— Оно́ на столе́.

29 — Извини́те, вы говори́те по-ру́сски?
— Да, немно́го.
— Вы рабо́таете в ба́нке?
— Нет, я рабо́таю в институ́те. А где вы рабо́таете?
— Я рабо́таю в компа́нии «Шелл». Вы живёте в Москве́?
— Нет, я живу́ в Санкт-Петербу́рге. А где вы живёте?
— Я живу́ в Москве́ на Арба́те.

30
оди́ннадцать	шестна́дцать
двена́дцать	семна́дцать
трина́дцать	восемна́дцать
четы́рнадцать	девятна́дцать
пятна́дцать	два́дцать

31 — Извини́те, о чём вы так до́лго говори́те?
— О рабо́те, о Москве́, о вас.
— И что вы ду́маете о Москве́?
— Э́то о́чень большо́й го́род.
— А что вы ду́маете обо мне?
— Секре́т.

32

ЗИМА	ВЕСНА	ЛЕТО	ОСЕНЬ
декабрь	март	июнь	сентябрь
январь	апрель	июль	октябрь
февраль	май	август	ноябрь

33
— Извините, вы не знаете, где мои контракты?
— Вот ваш контракт.
— А где ещё контракты?
— Я не знаю.

34

двадцать один	тридцать
двадцать два	тридцать один
двадцать три	сорок
двадцать четыре	пятьдесят
двадцать пять	шестьдесят
двадцать шесть	семьдесят
двадцать семь	восемьдесят
двадцать восемь	девяносто
двадцать девять	сто

35

тринадцать	тридцать
сорок	четырнадцать
пятнадцать	шестнадцать
пятьдесят	шестьдесят
семнадцать	девятнадцать
семьдесят	восемьдесят
восемнадцать	девяносто

36

еда:	напитки:
бананы	вино
мясо	чай
апельсины	кофе
шоколад	кока-кола
колбаса	молоко
рыба	сок
	пиво
	вода

37
— Я люблю бананы. А ты любишь бананы?
— Да, я люблю бананы. Я не люблю молоко. А ты любишь молоко?
— Нет, я тоже не люблю молоко.

38 a
— Вы любите бананы?
— Да, я люблю бананы.

b
— Вы ждёте сестру?
— Нет, я жду друга.

39 Здравствуйте. Меня зовут Марина. Я живу в Москве и хорошо знаю Москву, её историю, улицы, проспекты, театры и музеи. Я работаю в университете. Я программист. Я очень люблю мою работу. Ещё я люблю театр. Я не люблю мясо, потому что я вегетарианка.

40 **неделя**

понедельник
вторник
среда
четверг
пятница
суббота
воскресенье

41
— Что вы читали вчера?
— Я читал книгу.
— Я читала газету.
— Мы читали журналы.

42
— Здравствуйте, Джулия. Какой сюрприз!
— Здравствуйте, Андрей. Где вы были? Я давно не видела вас.
— Я был в Америке.
— Что вы делали в Америке? Вы видели Джона?
— Я работал в университете два месяца. Я видел Джона и Майкла. Потом я был три дня в Лондоне и видел Джейн. У меня в Лондоне есть друзья, потому что я работал там в университете. А что вы делали?
— Я тоже была очень занята. Я читала по-русски Чехова, была в консерватории. А где ещё вы были в Америке?
— Я был в Вашингтоне и в Сан-Франциско.

43 Гостиная, кухня, туалет, ванная, детская, спальня.

44
— Доброе утро, Марина.
— Доброе утро, Игорь.
— Как дела?
— Спасибо, хорошо. А как у тебя?
— Хорошо. Что ты делала вчера?
— Вчера я писала письмо и читала детектив.
— Ты написала письмо?
— Нет, конечно, я не написала письмо, но я прочитала детектив!

45 Глаз, нос, рот, голова, шея, ухо, грудь, спина, рука, живот, палец, нога.

46
— Наташа, что ты будешь делать сегодня вечером?
— Я буду смотреть телевизор. А что ты будешь делать сегодня вечером?
— Мой телевизор не работает, поэтому я буду читать Чехова по-русски.

47 Плита, стул, чайник, чашка, нож, вилка, ложка, тарелка, стол.

48
— Добрый день.
— Здравствуйте. Вы не знаете, чей это журнал?
— Думаю, это журнал Виктора. Он был здесь в среду вечером.
— А откуда он приехал?
— Он приехал из Лондона.
— А чьи это документы?
— Это документы Марины. Она забыла их здесь сегодня утром.
— Вы не знаете адрес Марины?
— Нет, я знаю только её телефон.

49
10 рублей	11 рублей
32 рубля	8 рублей
50 рублей	40 рублей
25 рублей	4000 рублей

50
— Кому ты звонишь?
— А как ты думаешь?
— Марине?

— Нет.
— Игорю?
— Нет.
— Виктору?
— Да. Мне надо позвонить ему утром.

51 автобус   машина
      метро   поезд
      троллейбус   такси
      трамвай

52 — Марина, с кем ты так долго разговаривала по телефону?
— С Джулией.
— Я думал, Джулия была вместе с тобой в театре вчера.
— Да, я была с ней в театре вчера. Ты знаешь, она сейчас работает в компании «Пепсико».
— А кем она работает?
— Директором.
— Да? А Наташа тоже была в театре?
— Нет, она хотела пойти, но не смогла. У неё было много работы.
— Ты можешь дать номер её телефона? Хочу ей позвонить.
— Конечно, 231-20-19.

53 3) брюки   5) галстук
      7) свитер   9) шапка
      6) пальто   8) трусы
      2) рубашка   4) носки
      1) шарф   10) туфли

Учебное издание

Фаст Лариса Владимировна
Базовый курс русского языка

Ответственный за выпуск *Ю. Королев*

ЛР № 065031 от 28.02.97

Подписано в печать 25.11.99
Формат 84х108 1/16. Гарнитура «Футурис».
Печать офсетная. Усл.печ.л. 31,92.
Тираж 3000 экз. Зак. № 3197

ЗАО «Издательство «Пеликан»,
121354, Москва, а/я 13.

Отпечатано на ордена Трудового Красного Знамени
Чеховском полиграфическом комбинате
Государственного комитета Российской Федерации
по печати
142300, г. Чехов Московской области
Тел. (272) 71-336. Факс (272) 62-536

Для заметок

Для заметок